La création féminine

Récits de soi et lectures
de l'intimité

Collection « Prix scientifique »

La collection Prix scientifique L'Harmattan publie les manuscrits primés par un jury scientifique qui, sur appel à participation, se réunit une fois par an pour distinguer les mémoires de master 2, les thèses et les HDR dans l'ensemble des domaines couverts par les éditions L'Harmattan.

Le jury est composé de Claudine Blanchard-Laville (sciences de l'éducation, université Paris Nanterre), Jean-Paul Chagnollaud (sciences politiques, CY Cergy Paris Université), Jean-Louis Chiss (linguistique, université Sorbonne Nouvelle Paris 3), Jean-Marc Lachaud (philosophie et esthétique, Université Paris 1 Panthéon Sorbonne), Vincent Laniol (histoire), Jean-Claude Némery (droit, université de Reims, Champagne-Ardenne), Bruno Péquignot (sociologie, université Sorbonne Nouvelle Paris 3) , Thomas Perroud (droit, Panthéon-Assas Université), Xavier Richet (économie, université Sorbonne Nouvelle Paris 3), Denis Rolland (IGESR, histoire et relations internationales, Université de Strasbourg, IUF), Philippe Tancelin (philosophie, études littéraires, université Paris 8 Vincennes Saint-Denis), Gérard Teboul (droit international, université Paris 12-UPEC), Dimitri Uzinidis (économie, université du Littoral, Côte d'Opale).

Dernières parutions

Eugénie Duval, *Participation et démocratie représentative*, 2022.
Pierre Rouxel, *Le syndicalisme en restructurations*, 2022.
Alvin Panjeta, *Expérimenter la qualité à l'université*, 2022.
Yahya Mahamat-Saleh, *Facteurs nutritionnels et risque de cancers de la peau*, 2022.
Suzanne Levin, La république de Prieur de la Marne, 2022.
Mohamed Ouchtaine, *Recompositions de l'Islam*, 2022.
Clothilde Rohmer, *La gestion du domaine forestier de la famille de Turckheim-Truttenhausen*, 2022.
Amélie Puche, *Les femmes à la conquête de l'université*, 2022.
Lucie Ecorchard, *Les lieux de justice parisiens à la fin du Moyen Age*, 2022.

Marie Burger

La création féminine

Récits de soi et lectures de l'intimité

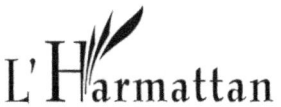

© 2023, L'Harmattan
5-7, rue de l'École-Polytechnique – 75005 Paris
www.editions-harmattan.fr
ISBN : 978-2-14-028186-0
EAN : 9782140281860

Préface

Ophélie Naessens

2018-2019 *Risquer l'intime* (piste de cours) :

« Dans une époque saturée par les images et vidéo amateures intimes (réseaux sociaux, porno amateur, etc.), l'écriture visuelle de l'intimité se révèle un enjeu majeur. Découpages, montages et assemblages – matériels ou symboliques – s'opèrent afin de tracer les contours d'un soi contemporain, produisant ainsi de nouveaux types de narrations visuelles. Creusant son origine dans l'expérience personnelle du créateur (vie amoureuse, perte, rêve, exil, etc.), le récit visuel de soi s'épanouit dans son enchevêtrement avec une mémoire collective. »

J'ai eu la chance de croiser le parcours estudiantin de Marie Burger dès la Licence Arts plastiques à l'Université de Lorraine. À cette époque déjà nos perspectives de recherche et de création se croisent. Entre 2018 et 2019, j'y propose des ateliers fondés sur l'expérimentation plastique des questions de narration et d'ancrage biographique (réel ou fictionné). Durant ces enseignements, une figure apparaît : celle de Tracey Emin (*Going to Crack*, 1997), et un motif : le récit intime et ses écritures plastiques, lesquels traverseront ensuite pendant plusieurs années les recherches de Marie. Des pistes de recherches se mêlent aussi étroitement aux miennes, à travers nos explorations parallèles de la mise en scène de soi dans les œuvres d'artistes plasticiennes, entre réticences et révélations.

2019-2020 « *J'adore écrire* » (lecture) :

> « Have you ever longed for someone so much, so deeply that you thought you would die ? That your heart would just stop beating? I am longing now, but who I don't know. My whole body craves to be held. I am desperate to love and be loved. I want my mind to float into another's. I want to be set from despair by the love I feel for another. I want to be physically part of someone. I want to be joined. I want to be open and free to explore every part of them, as though I were exploring myself[1] »

Marie fait la proposition d'un mémoire portant exclusivement sur le travail de Tracey Emin. Pari risqué d'une recherche monographique. Avec « L'écriture de soi chez T. E. », l'autrice envisage la manière dont la plasticité de l'écriture permet la représentation d'un féminin singulier et universel. À travers l'analyse d'une pratique exposant l'intimité de la créatrice, elle fait apparaître les enjeux sensibles d'une écriture artistique à la fois perturbée et interrogative-critique, enchevêtrant images et textes, sexualité et violence. Le travail de recherche de Marie est précis et approfondi, nous en discutons régulièrement. Des échanges théoriques et méthodologiques, mais aussi à propos de romans, puisque les figures entrecroisées d'autrice et de lectrice l'intéressent. Ce sont parfois les fictions qui nourrissent, mais aussi comblent les atermoiements de la recherche scientifique. Suite à l'une de nos discussions, je découvre *Strangeland*, je lis également *Dirty Week-end* de Helen Zahavi. Ce récit du jaillissement de la violence d'une femme – sorte de croisement jouissif entre *Orange mécanique* et la pensée d'Elsa Dorlin – deviendra alors pour ma part le moteur d'une réflexion plus détaillée sur

---

[1] Tracey Emin, *Strangeland,* Hodder and Stoughton, Londres, 2005, p. 36

les intrications entre pratiques artistiques et lutte(s) féministe(s).

2020-2021 *Récits visuels de soi* (œuvre) :

Confess all on video. Don't worry, you will be in disguise. Intrigued? Call Gillian[2]

Nous poursuivons le travail entamé en première année de master par l'ouverture du sujet de recherche de Marie sur l'écriture et la mise en scène de soi dans la création contemporaine. Au fil de ses écrits, je retrouve avec plaisir des références qui m'ont suivie tout au long du doctorat : textes (Philippe Lejeune, Serge Tisseron, Élisabeth Lebovici, mais aussi Virginie Despentes), œuvres aussi (Valérie Pavia, Gillian Wearing, Valérie Mrejen). Des références communes qui émaillent un parcours de pensée, et bien d'autres encore, à travers lesquelles l'autrice explore les mécanismes plastiques et narratifs autorisant le dévoilement de soi, et davantage, propose une vision complexe et riche de la multiplicité des voix/vies féminines à l'œuvre dans les pratiques actuelles. Il est aussi question dans ce texte de l'adresse et des résonances de ces voix intimes dans l'écho du monde, des perspectives qui, assurément, accompagneront les suites d'une recherche portant sur les récits de soi et autofictions des femmes artistes dans l'art contemporain.

---

[2] Gillian Wearing, *Confess all on video. Don't worry, you will be in disguise. Intrigued? Call Gillian*, 1994.

Préface

Claire Lahuerta

Je ne saurais plus situer la période à laquelle j'ai rencontré Marie.

Dans l'un des ateliers probablement, en cours, parmi tant d'autres dont nous croisons les trajectoires au fil de cursus singuliers. Je retrouve des images parcellaires de cet·te étudiant·e réservé·e et dont la pratique artistique s'est immédiatement manifestée.

Images de calques, de mots opacifiés, de carnets veloutés, montages subtils en feuilletages à peine lisibles, illisibles, secrets, de messages discrets.

Lentement son travail s'est ancré dans une démarche scientifique originale, affirmée, expressive, et paradoxalement mutique. Dans cet entre-deux précisément je reconnais la *praxis* : dire dans l'indicible, avec méthode, drastique, presque rigide parfois, les inframinces du quotidien. Repérer des rythmes, achopper les signes, lister les micro-événements pour entrevoir l'*extra*ordinaire. Un projet en particulier surgit : la liste exhaustive d'actions quotidiennes, qui scandent les journées, les semaines : manger, dormir, tousser, se lever, s'asseoir, prendre un anti-inflammatoire, se recoucher, se doucher, s'habiller, éternuer, regarder par la fenêtre ; combien de fois ? *Manger (3), dormir (2), tousser (16), se lever (9), s'asseoir (11), prendre un anti-inflammatoire (1), se recoucher (4), se* *doucher (2), s'habiller (1), éternuer (7), regarder par la fenêtre (14)*.

Je repense à la déflagration lors de ma découverte de l'ouvrage de G. Perec *Penser/classer* (1985) : « Que me demande-t-on au juste ? Si je pense avant de classer ? Si je classe avant de penser? Comment je classe ce que je pense ? »

Marie Burger élucide une part de cette œuvre par sa *manière* -au sens artistique du terme- si singulière d'être au monde, de le percevoir, et particulièrement de le décrire en le dé/classant. Lister, ordonner, entrer dans une écriture de l'intime par un tableur Excel.

Tour de force dans un microcosme artistico-académique qui valorise l'éclat, le rayonnement, le jargon clinquant au détriment du sens. La démarche de Marie Burger est autre : s'attacher aux racines, à l'intime d'une écriture qui ne livre rien d'emblée, et dont il faut patiemment laisser sédimenter les signaux pour se laisser interpeler. De l'intime au dialogue, sans contact, sans nécessité de face à face : lire (4), imaginer (3), penser (7), relire (2).

PRÉFACE

Mélodie Marull

2018 - *Comme un hérisson*

Je garderai toute la camisole ouverte, donc les sangles qui pendent etc. Je symboliserais l'auto-défense par les clous pointus qui recouvrent la camisole de force, qui rendent impossible de s'approcher de trop près du corps. Cela rappelle, d'une certaine manière le hérisson dont les épines ont une fonction de protection.[3]

Lors d'un cours de création plastique sur le croisement des gestes d'attaque et de défense, Marie Burger produit une carapace offensive : cette camisole noire immobilisante est recouverte de piques et contraint comme elle protège. Une forme de récit semble déjà s'écrire ici, à même un dangereux cocon qui raconte la violence et la nécessité de la montrer, d'employer la création artistique à la fois comme une armure et une réponse. En replongeant dans les archives des travaux de Marie Burger, des liens se créent avec le texte publié ici et rappellent que la recherche et l'écriture sont des processus qui se construisent dans la durée et dans des *praxis*.

J'ai découvert le travail de recherche de Marie Burger tardivement, lisant avec intérêt le mémoire en vois

---

[3] Marie Burger, échange mail du 20 Février 2018.

d'achèvement que nous préfaçons aujourd'hui. Un parcours estudiantin est toujours pluriel et il arrive que des expériences entrent en écho, murissent ensemble et se nourrissent d'échanges, de références et de lectures. En prenant du recul, elles laissent ici apparaître une riche cohérence.

REMERCIEMENTS

Ce livre est une version remaniée de mon mémoire de recherche réalisé dans le cadre de mes études en Master 2 Arts, parcours-type Arts et Industries Culturelles à l'Université de Lorraine, au cours de l'année universitaire 2020-2021.

Je tiens à exprimer toute ma reconnaissance envers Claire Lahuerta, Ophélie Naessens et Mélodie Marull, pour leur aide précieuse, l'encadrement et les conseils fournis dans le cadre de la rédaction de ce livre.

Je remercie l'équipe pédagogique du département Arts plastiques de l'Université de Metz. Au-delà de la qualité des enseignements proposés, leur bienveillance, tolérance, empathie et humanité nourrissent et transforment ma personne depuis ma première année de Licence.

Enfin, je désire remercier ma mère et lui dédier ce livre. Merci à celle qui m'apporte un profond soutien quotidien. Elle m'offre les outils et l'environnement nécessaire à mon développement, me pousse à me surpasser pour avancer toujours plus loin, m'aide à réaliser mes rêves et, surtout, m'offre un modèle de puissance féminine à suivre.

Avant-propos

Afin de respecter l'approche féministe qui me tient à cœur en tant que femme, je revendique l'utilisation de certaines particularités propres à l'écriture inclusive. Pensant que les inégalités de notre société ne peuvent disparaître sans l'adoption d'un langage adapté à la représentation de la multiplicité des genres, la rédaction de ce livre est aussi une prise de position personnelle.

Je reconnais évidemment la forte présence de polémiques liées à l'usage de l'écriture inclusive en France. De ce fait, et dans le but d'atteindre chaque lecteur de cette étude, je décide d'alléger mon texte en préférant l'usage du masculin générique. Ce choix se fait consciemment et sans discrimination de genre.

Je laisse entrevoir ma pensée féministe en rédigeant le doublet de certains mots. La féminisation des noms de métiers présentés[4] fait apparaître, sur papier et oralement, la différence de genre des personnes visées par mes propos. Suivant une volonté de cohérence et de facilité de lecture, je n'introduis pas de néologismes, aucune nouvelle graphie et graphie tronquée comme le point médian.

---

[4] J'utilise les mots « autrice », « écrivaine » et « poétesse ». Ces exemples désignent des formes historiques de professions, comme le présentent Michaël Lessard et Suzanne Zaccour dans leur très utile *Manuel de grammaire non sexiste et inclusive. Le masculin ne l'emporte plus !*, Paris, Éditions Syllepse, 2018, p. 47.

La raison est que celles-ci sont inconnues des néophytes qui ne fréquentent aucun milieu féministe, ce qui limiterait l'accessibilité de mon propos.

INTRODUCTION

« Les crèches, les écoles, les collèges, les lycées, les universités sont fermées depuis ce jour. Samedi soir, les restaurants, tous les commerces non-essentiels à la vie de la Nation ont également clos leurs portes. Les rassemblements de plus de cent personnes ont été interdits. Jamais la France n'avait dû prendre de telles décisions – évidemment exceptionnelles, évidemment temporaires – en temps de Paix[5] ». Le 16 mars 2020, en France, le président de la République s'adresse aux citoyens français. Ceux-ci sont confinés jusqu'à nouvel ordre, suivant l'obligation de limiter leurs déplacements, espérant freiner l'épidémie du virus de la COVID-19. Pour définir le concept d'intimité, Serge Tisseron aborde deux domaines qui s'opposent : espace public et espace privé. Ces mêmes espaces sont brouillés et confus, en France et à partir de 2020, en raison des confinements nationaux[6]. En 2001, Serge Tisseron apporte une définition de l'espace public qui désigne « ce que l'on partage avec le plus grand nombre[7] ». Il ajoute que l'espace privé est « ce que l'on partage seulement

---

[5] Déclaration de M. Emmanuel Macron, président de la République, prononcée à Paris le 16 mars 2020. Texte retranscrit en ligne : https://www.vie-publique.fr/discours/273933-emmanuel-macron-16-mars-2020-coronavirus-confinement-municipales, page consultée le 15/02/2021.
[6] Les confinements français ont lieu du 17 mars au 11 mai 2020 et du 30 octobre au 15 décembre 2020.
[7] TISSERON Serge, *L'intimité surexposée*, Paris, Ramsay, 2001, p. 49.

avec des personnes choisies[8] » et l'espace intime est « ce que l'on ne partage pas, ou seulement avec quelques très proches [et] aussi ce que chacun ignore de lui-même : c'est à la fois son jardin secret et l'inconnu de soi sur soi[9] ». D'une manière conjointe, l'intime désigne, selon une définition soutenue par Élisabeth Lebovici, « qui est contenu au plus profond d'un être... Qui lie étroitement, par ce qu'il y a de plus profond... Qui est tout à fait privé et généralement tenu caché aux autres[10] ». La crise sanitaire qui incombe la population mondiale à partir de l'année 2020 transforme la nature de l'espace intime. Le couvre-feu pousse certaines personnes à fréquenter les supermarchés à la pause déjeuner, tandis que d'autres travaillent là où ils dorment et dorment dans leur chambre devenue bureau. Les étudiants fatigués, souffrant, eux aussi, de cette crise, sont immobilisés en face d'un écran d'ordinateur qui montre, entre deux dysfonctionnements, le visage du professeur qu'ils n'ont pas vu à l'avant de la salle de classe depuis de longs mois. Aussi, s'évader entre amis est interdit et les rassemblements familiaux se font au moyen de la visioconférence.

L'usage de plus en plus systématique des moyens numériques et d'Internet transforme les interactions humaines. La plupart d'entre nous sont diagnostiqués anxieux, déprimés, alors que nous « habitons le web[11] » de plus en plus rapidement, « entraînant le développement de nouvelles manières de dactylographier, et donc de se raconter[12] ». Le temps personnel est difficilement repérable

---

[8] *Ibid.*
[9] *Ibid.*
[10] LEBOVICI Élisabeth, « L'intime et ses représentations », dans LEBOVICI Élisabeth (dir.), *L'intime*, Paris, École Nationale Supérieure des Beaux-Arts, 1998, p. 12.
[11] THÉLY Nicolas, *Vu à la webcam (essai sur la web-intimité)*, Paris, Les Presses du Réel, 2002, p. 122.
[12] TISSERON Serge, *op. cit.*, p. 66.

parmi la masse de choses à faire à l'intérieur de l'espace domestique. Nous comprenons alors qu'il est de plus en plus difficile de se réserver une « chambre à soi[13] », un lieu chez soi et pour soi. Cette idée de zone individuelle propice au calme est relevée par un certain nombre de théoriciens de l'écriture intime. Philippe Lejeune et Catherine Bogaert soulèvent un besoin de posséder une « chambre à soi, une table, une lampe ; une fenêtre ouverte sur le soi et le silence : le lit, sur lequel parfois on écrit, la table de nuit, où l'on range le cahier, l'oreiller et le matelas, sous lesquels on le cache, [le] décor mythique du journal intime[14] ». Les deux vont jusqu'à identifier le cahier comme une « chambre portative [qui] permet de se ménager un espace intime dans les lieux les plus fréquentés[15] ». Avant cela, Béatrice Didier associe l'absence de lieu propre au dévoilement de l'intimité, à sa pensée de l'écriture produite par les femmes. Faisant suite à ce qu'écrit déjà Virginia Woolf en 1929 dans l'essai *Une chambre à soi*, Béatrice Didier indique que les femmes font face à une « traduction dans l'espace[16] » de leur réduction au silence imposée par le poids du patriarcat et de la domination masculine. Selon elle, la pratique de l'écriture intègre une forme d'architecture particulière, qui demande à la « femme-écrivain de parvenir à se réserver un *no man's land*, une zone de silence, autour d'elle et en elle, qui permette la création[17] ».

Depuis longtemps associée à l'insouciance féminine, l'écriture du journal intime engendre un dévoilement de

---

[13] Il s'agit d'une référence à *Une chambre à soi*, essai de Virginia Woolf publié pour la première fois en 1929.
[14] BOGAERT Catherine, LEJEUNE Philippe, *Le journal intime. Histoire et anthologie*, Paris, Textuel, 2006, p. 100.
[15] *Ibid.*
[16] DIDIER Béatrice, *L'écriture-femme* (3ᵉ éd.), Paris, Presses Universitaires de France, 1991, p. 13.
[17] *Ibid.*

soi couché sur papier. Dans une étude de la pratique du journal intime en France, Catherine Bogaert et Philippe Lejeune se questionnent : « Pourquoi cette passion des filles pour le journal à l'adolescence ? Est-ce naturel, culturel, ou un peu des deux ? En tout cas, cela correspond à un conditionnement historique : au XIXe siècle, en France, [...] on poussait systématiquement les filles à tenir un journal, souvent contrôlé par les éducateurs. Aujourd'hui encore, on offre aux filles, pour Noël ou pour leur anniversaire, des carnets à serrure, ce qu'on fait rarement pour les garçons[18] ». Pendant de longs siècles, les femmes sont condamnées au silence et soumises à de nombreuses règles liées à l'entretien domestique et au soin des enfants, du mari ou encore de la cuisine. Le journal intime est alors une « activité discrète[19] » permettant, pour toute autrice, une extériorisation de son quotidien et des émotions qui y sont associées. Cette discrétion de l'écriture semble plaire spécialement aux filles et aux femmes car elle écarte toute règle de forme ou de contenu qui serait imposée par une force extérieure. N'étant maîtrisé que par son autrice, le journal intime ne suit les contraintes d'aucun style particulier. Catherine Bogaert et Philippe Lejeune admettent que la détermination d'un style spécifique du journal intime serait « un paradoxe, puisque le journal est par définition complètement libre. De fait on est frappé par deux choses : l'extraordinaire diversité des journaux, qui ne se ressemblent guère entre eux, même s'il y a des grandes familles ; et l'extraordinaire uniformité de chaque journal[20] ». Il est donc possible de s'appuyer sur la densité des récits intimes pour affirmer la multiplicité des voix féminines. C'est la liberté de la réalisation de l'écriture de soi qui engendre la

---

[18] BOGAERT Catherine, LEJEUNE Philippe, *op. cit.*, p. 21.
[19] *Ibid.*, p. 20.
[20] *Ibid.*, p. 120.

pensée d'une « plasticité[21] » des récits intimes produits par les femmes. Les femmes « inventent leur liberté[22] » et donnent à leurs récits intimes la particularité d'être pluriels et indéfinis. La mise en récit des femmes est fluide et répond à l'idée selon laquelle le féminin est une construction sociale. Les artistes contemporaines démontrent que leur identité de genre s'expose en plein développement, ce qui admet, dans notre contexte de l'année 2021, l'exactitude de la déclaration selon laquelle il « ne suffit donc plus d'être femme pour "écrire femme"[23] ». Qu'elles soient artistiques ou littéraires, les créations des femmes parlent d'elles, se publient et se font lire ou s'exposent aux regards dans l'espace du musée, afin de mener à bien leur visée première, qui est d'exister dans leur relation de dévoilement de soi à l'autre.

Ce livre prend la forme d'une analyse de mécanismes plastiques et narratifs permettant le dévoilement de soi par les femmes. Ceux-ci permettent de travailler et de former des brouillons intimes qui, une fois offerts à la lecture par autrui, incarnent le porte-parole de nos expériences personnelles. L'enjeu est donc de démontrer comment la « possibilité d'être entendu[24] » change la façon de se raconter à autrui. L'objectif principal de cette recherche est de favoriser une « autogenèse[25] » féminine, participant ainsi à une relation de confiance entre les figures entrecroisées d'autrice et lectrice, d'artiste à spectatrice, qui

---

[21] DIDIER Béatrice, *op. cit.*, p. 23.
[22] BRUGÈRE Fabienne, *On ne naît pas femme, on le devient*, Paris, Stock, 2019, p. 163.
[23] PLANTÉ Christine, « Avant-propos », dans TRIAIRE Sylvie, PLANTÉ Christine et VAILLANT Alain (dir.), *Féminin/Masculin : Écritures et représentations*, Montpellier, Presses Universitaires de la Méditerranée, 2003, p. 8.
[24] SCHOCH DE NEUFORN Sylvie, « Du côté de l'intime », *Gestalt*, n° 53, 2019, p. 25.
[25] Voir LEJEUNE Philippe, *Autogenèses. Les brouillons de soi 2*, Paris, Seuil, 2013.

s'écrivent et se lisent mutuellement dans une chambre à soi qui entraîne la réappropriation du poids de leur existence passée, présente et future. Partant de la pensée selon laquelle, pour les femmes, « écrire, c'est résister, s'émanciper[26] », nous souhaitons exprimer en quoi la lecture[27] de l'intimité des femmes répond à une volonté d'affirmation et de réappropriation de leur individualité. Enfin, il s'agit d'identifier les moyens par lesquels nous pouvons déclarer que le dévoilement de soi par la création artistique, permet d'exposer l'intimité d'autrui. En effet, nous interrogeons les éléments qui font que la lecture de l'intimité de quelqu'un d'autre nous permet de nous y retrouver pour nous identifier, mais aussi de nous différencier pour nous singulariser, si bien que de nombreuses personnalités incarnent, à terme, une forme de « héros contemporain[28] » intéressant le spectateur car il est « soumis aux mêmes conditions de vie et de mort[29] » que lui. Cela signifie que le spectateur, plutôt que de contempler l'altérité idéalisée qu'il n'est pas, un super-héros, se retrouve à sa place, par identification, dans l'intimité banale qui se dévoile devant ses yeux. Dans un article dédié à la pensée de l'intimité, la psychologue Sylvie Schoch de Neuforn écrit : « Ce qui est important dans l'écriture, c'est le fait de s'adresser à quelqu'un. C'est imaginer qu'au moins une personne va lire et résonner, ou au mieux comprendre ce que j'exprime. D'où l'intime. Une personne suffit[30] ». Elle rappelle la pensée de Béatrice Didier, qui

---

[26] GARDEY Delphine, « Deux ou trois choses que je dirais d'elle », dans HARAWAY Donna, *Manifeste cyborg et autres essais*, Mayenne, Exils, 2019, p. 14.
[27] Nous désignons la lecture au sens propre (d'un texte) et la lecture au sens figuré (d'un récit à travers les mécanismes plastiques utilisés pour le présenter : photographie, documentation, installation artistique, etc.).
[28] TISSERON Serge, *op. cit.*, p. 111.
[29] *Ibid.*, p. 101.
[30] SCHOCH DE NEUFORN Sylvie, *op. cit.*, p. 24.

qualifie ce qu'elle appelle « écriture-femme » comme une « prise de parole[31] ». Cette dernière offre une voix à toutes les femmes et permet le passage et l'ancrage de l'intime au collectif. Serge Tisseron évoque, après les années 2000, l'importance du désir d'extimité. Celui-ci désigne « le mouvement qui pousse chacun à mettre en avant une partie de sa vie intime, autant physique que psychique[32] ». Il identifie plusieurs mécanismes en lien avec ce changement dans l'exposition de l'intimité ; parmi ceux-ci se trouve l'écriture sur Internet, qui représente « une image de [nos] émotions et de [nos] intuitions, tendue à l'autre dans l'attente qu'il les reconnaisse et les valide. Le désir qui la sous-tend est, tout autant que de susciter la pensée, de rencontrer un interlocuteur bienveillant, demandeur comme soi d'un échange ponctuel et instantané pour "se" connaître mieux. Ce pronom, on l'a compris, renvoie ici à une relation à soi-même autant qu'à l'autre, il est spéculaire autant que réciproque[33] ». L'extimité est donc un désir commun à la base des liens sociaux. Les récentes évolutions technologiques à partir des années 2000, ainsi que la situation des années 2020 à 2022, engendrent de nouvelles formes d'extimité : la communication de soi à soi et de soi à l'autre se fait plus rapidement et dans une dimension différente, prenant place sur l'écran plutôt que sur la page du journal intime, le papier à lettres ou oralement.

Nous nous intéressons à la création intime, dans le sens que soulève Elisabeth Lebovici : « l'intimité comme ouvrage de dames, incluant toutes les pratiques dévalorisées, artisanales, bricoleuses, couturières, balbutiantes ou privées[34] ». Ce livre est donc une étude de la création féminine à partir d'un corpus d'œuvres choisies pour leur trai-

---

[31] DIDIER Béatrice, *op. cit.*, p. 39.
[32] TISSERON Serge, *op. cit.*, p. 52.
[33] *Ibid.*, p. 69.
[34] LEBOVICI Élisabeth, *op. cit.*, p. 13.

tement de la mise en récit de soi et de l'exposition de l'intimité dans un contexte contemporain. Nous opposons alors des œuvres institutionnelles à des récits de soi édités et publiés sous forme de livres, ainsi qu'aux pensées de créatrices de contenu sur les réseaux sociaux. Nous débutons cette étude par un premier chapitre qui évoque le cas de femmes artistes qui se réapproprient des techniques associées au féminin domestique – broderie, couture et autres travaux textiles – afin d'adopter une démarche d'émancipation féministe. Afin d'illustrer différentes manières de produire des récits intimes, adoptées par une sélection d'artistes contemporaines, nous démontrons d'abord en quoi l'écriture des femmes dépend de thématiques et de formes qui sont propres à celles-ci. Partant de l'affirmation première précédemment évoquée, selon laquelle le journal intime est une pratique associée traditionnellement aux femmes, nous approfondissons le cas d'une adaptation de procédés artistiques et littéraires qui se retrouvent et s'entrecroisent dans une grande partie des œuvres citées au cours de ce livre. Nous remarquons alors que les récits intimes s'élancent jusqu'aux nouvelles technologies contemporaines liées à la démocratisation des médiums photographiques et vidéographiques. Ces outils de mise en récit, désormais et depuis les années 2000, sont utilisés par les artistes et les amateurs qui pensent, dès la création, à la diffusion et au partage de leur « autoreprésentation[35] » du quotidien. Notre analyse des récits intimes féminins passe par la définition d'un renouvellement numérique du journal intime mené de tête par les artistes qui composent cette recherche. Ensuite, nous admettons que les artistes procèdent à un certain type d'exposition de soi qui se fait dans le respect de règles qu'elles prédéfinissent

---

[35] CAUQUELIN Anne, « Les avatars du je », dans UHL Magali (dir.), *op. cit.*, p. 29.

individuellement. De ce fait, les artistes restent toujours en charge de leurs propres limites intimes. Le dévoilement des femmes est ici pensé en fonction d'une forme d'autocensure. Pudeur, anonymat ou retenue, nous ne pouvons pas forcément tout dire. Ce livre se poursuit ensuite dans un second chapitre qui insiste sur la nécessité d'un espace de dévoilement non-mixte et *safe*, sûr ou sans danger, dans lequel artiste et spectatrice doivent se sentir assez en sécurité pour recevoir un récit et projeter le sien en retour. Nicolas Thély écrit, dans son étude du concept de web-intimité, que l'exposition de soi dépend d'un « désir d'être vu et remarqué[36] ». À partir de cela, nous maintenons qu'il est possible d'entretenir une relation de dévoilement contre le dévoilement d'autrui, celui-ci formant de fait un « voisinage proche [plutôt qu'une] présence opportune[37] ». Dans une première partie, nous définissons les origines et la nature du désir d'exposition de soi à l'autre. Nous montrons en quoi l'adresse à autrui, et l'intérêt porté à l'existence d'autrui, à travers l'appel à participation à la création, provient de phénomènes humains et communs. Un enjeu s'ajoute à la création des femmes qui composent notre étude, qui est lié à l'existence de stéréotypes obligeant au respect d'une bonne tenue de soi et du corps. Les récits de soi produits par les femmes poussent de nombreuses critiques à les diaboliser et les accuser de narcissisme ou d'exhibitionnisme. Nous remarquons ensuite que l'époque contemporaine est à la fois fermée et ouverte sur l'altérité ; l'intérêt de ce chapitre est donc de pousser autrui à se confier, avouer, se confesser avec honnêteté et confiance. Dans les œuvres étudiées, les spectatrices et lectrices sont à la fois artistes et autrices, et inversement, si bien qu'elles se projettent et reconstruisent les récits qui

---

[36] THÉLY Nicolas, *op. cit.*, p. 113.
[37] *Ibid.*, p. 115.

ne leur appartiennent pas par le biais de l'autofiction. Enfin, la dernière sous-partie de ce livre nous pousse à déclarer que le pronom personnel « je », utilisé très régulièrement par les femmes étudiées ici, correspond à une individualité qui serait partagée. Nous évoquons la pensée d'une universalisation des expériences de la vie ordinaire. En effet, définissant le quotidien, qui se diffère de la notion d'ordinaire, nous déclarons que le quotidien peut être considéré comme appartenant à toutes et tous, le rendant davantage impersonnel. Il s'agit donc de développer cette réappropriation féminine de la banalité, de l'ennui et des imperfections éventuelles qui composent la vie humaine, devenant à terme une force créatrice.

CHAPITRE 1

Matières et manières des récits intimes féminins contemporains

1. Les écritures féminines, des silences qui s'écrivent

1.1. Une émancipation féministe face à la domination domestique

Pour écrire un journal intime, il vous est demandé de posséder « un carnet petit format, un feutre, une grande attention, bienveillante ou non, au monde (et à soi)[38] ». Cette recette, élaborée par Sonia Goldie, est très simple. Il ne faut, d'un point de vue matériel, rien de plus qu'un papier et un crayon. Cependant, elle ajoute qu'un journal intime ne peut s'écrire sans sujet ou sources à aborder, décortiquer et analyser profondément entre les pages du carnet. Lecteurs, lectrices, avez-vous tenu au moins un journal intime durant votre enfance et adolescence ? Nous pouvons supposer que les réponses positives à cette question sont plus facilement féminines. En effet, selon les traditions, l'écriture est d'abord un « rite de passage[39] »,

---

[38] GOLDIE Sonia, « Recettes intimes », dans CAHEN Gérald (dir.), « Le plaisir des mots. Cette langue qui nous habite », *Mutations*, n° 153, 1995, p. 199.
[39] Voir FINE Agnès, « Écritures féminines et rites de passage », *Communications*, n° 70, 2000, p. 121-142.

un « rite d'initiation[40] » qui est imposé aux jeunes filles. L'adolescente reçoit un cadeau de Noël : c'est un carnet à couverture colorée qui se ferme par un cadenas. La serrure n'est pas très solide mais sert à donner l'impression de contenir les plus grands secrets de la jeune femme. Le journal s'accompagne souvent de crayons de couleurs, de stylos à encre pailletée, des stickers, rubans et autres matériaux décoratifs. Le journal intime, pratique créative associée aux femmes, est en premier une obligation qui leur permet d'intégrer des normes sociales. Dans une étude des lettres et journaux de femmes, Isabelle Lacoue-Labarthe identifie le retrait de celles-ci hors de la vie réflexive : « toute d'émotion, de sensibilité, d'affectivité[41] », la supposée nature féminine retire aux femmes la possibilité de réfléchir sur le monde qui les entoure. L'autrice se questionne ensuite : « comment faire autrement, d'ailleurs, lorsque l'éducation reste lacunaire, orientée jusqu'au milieu du vingtième siècle vers les tâches ménagères, la tenue d'une maison et l'éducation des enfants ? Comment écrire sur le monde en étant confinée hors du monde[42] » ? Les diaristes[43] contemporaines font nécessairement face à de nouvelles façons d'écrire sur soi qui prennent en compte de nouveaux enjeux. Le plus souvent débuté et tenu lorsqu'elles sont adolescentes, les femmes entretiennent leur journal intime avec un plaisir particulier. En effet, le moment du premier cahier représente l'une des premières possessions complètement personnelles de la jeune femme. Alors, elle le remplit peu à peu de la manière qui lui correspond au mieux. Profitant de sa liberté, aucune règle ne vient s'imposer à la tenue du journal. Il

---

[40] BOGAERT Catherine, LEJEUNE Philippe, *op. cit.*, p. 21.
[41] LACOUE-LABARTHE Isabelle, « Lettres et journaux de femmes. Entre écriture contrainte et affirmation de soi », *Tumultes*, n° 36, 2011, p. 116-117.
[42] *Ibid.*
[43] Par définition, le diariste est l'auteur du journal intime.

n'y a pas de règles et la « peur de faire des fautes[44] », telle qu'elle est associée à la scolarité des adolescents inquiétés par le risque d'une mauvaise note, n'est pas d'actualité dans le cas de cette pratique.

> « N'est-il pas absurde de chercher à écrire "bien" ce qu'on ne donnera à lire à personne ? Non, puisqu'on le relira soi-même. Non, si "bien écrire" n'est pas chercher un effet, mais trouver le mot juste[45]. »

Le livre *Chaque matin, chaque soir* illustre la diversité et la liberté d'interprétation et de réalisation du journal intime. Ce livre est dirigé par Sandrine Barateig, référente culture du lycée professionnel René Cassin de Metz, et Anne Delrez, artiste plasticienne et directrice artistique de la structure La Conserverie à Metz. Publié aux Éditions de La Conserverie, cet ouvrage collectif est la suite d'un projet commencé en septembre 2012, en partenariat avec Anne Delrez et une classe du lycée professionnel René Cassin. Ces adolescents, âgés de quinze à seize ans, sont originaires des alentours de la ville de Metz. Ceux-ci font tous un trajet plus ou moins long, chaque matin et chaque soir, que l'artiste appelle à décrire pour la réalisation de cet ouvrage. C'est une chance pour certains d'écrire et de construire un récit personnel qu'ils ne feraient pas habituellement. La prédominance du féminin dans ces pages n'annule pas le récit masculin qui, comme son équivalent féminin, témoigne aussi de l'individualité de ces adolescents. Empruntant les mots de Catherine Bogaert et Philippe Lejeune, nous insistons sur le fait que « les adolescents écrivent beaucoup, en particulier les filles, et de tout : correspondance, poésie, journal, essentiellement, ces trois pratiques parfois confondues, mais aussi chansons,

---

[44] BOGAERT Catherine, LEJEUNE Philippe, *op. cit.*, p. 31.
[45] *Ibid.*, p. 123.

fictions, cahiers de citations, listes[46] ». Cette facilité du récit de soi féminin est la suite de longues années d'obligation à la bonne tenue de soi et des journaux intimes. Agnès Fine l'écrit : « les parfums, les bijoux et la trousse de maquillage [offerts à la jeune femme sont des] cadeaux [qui] sont à la fois expression et prescription d'une identité féminine juvénile fondée [...] sur l'éducation d'une attention à soi, sur le développement d'une vie intérieure marquée par la culture du sentiment et par un sens esthétique intériorisé[47] ». Dans *Chaque matin, chaque soir*, Anissa (p. 18-19) prouve la véracité d'une telle déclaration. Ses photographies sont composées d'une palette de couleurs qui se répètent : le gris bleuté des murs en béton se retrouve dans le ciel clair d'un matin d'hiver ; aussi, le vert pomme de la porte de l'immeuble se reflète dans l'herbe et les feuilles de l'arbre. Les sept clichés ainsi assemblés forment une série photographique cohérente qui traduit un souci du soin des représentations visuelles. Les mots qui accompagnent ces images sont simples et courts. Anissa propose un poème rapide composé de six vers, faisant rimer les deux derniers entre eux :

> « Bus 7h45,
> mange dans le bus,
> appelle ma copine,
> mange des croissants,
> petits gâteaux.
> Bois du jus en brick [*sic*] au cacao. »

Le rythme est composé de plusieurs enjambements. En effet, rappelant la forme d'une liste, Anissa fait déborder sa phrase sur plusieurs vers qui se séparent en six lignes distinctes. Nous remarquons une utilisation de la base d'une rime plate au niveau des deux derniers vers de son

---

[46] *Ibid.*, p. 167.
[47] FINE Agnès, art. cit., p. 122.

poème, qu'elle fait rimer avec le son « O » des mots « gâteaux » et « cacao ». Ces quelques mots prouvent l'attirance d'une jeune femme pour les formes littéraires de la discontinuité[48], telles que le poème, le journal ou la lettre. Béatrice Didier étudie ces formes dans un livre intitulé *L'écriture-femme*, dans lequel elle précise que les femmes pratiquent une écriture qui est généralement plus libre et hors des contraintes traditionnelles. Bien que longtemps considéré comme superficiel et tourné vers une certaine sensibilité, le style intime féminin est proche du langage oral et s'illustre par un usage de mots et de procédés caractérisés par « un laisser-aller, une absence de rigueur plus proche du parler que de l'écrit[49] », incarnant ce que Béatrice Didier nomme « oralitude[50] ». L'usage papillonnant de la langue française se retrouve plus loin dans le livre *Chaque matin, chaque soir*. Le récit de Maryline (p. 50-55) propose un ensemble de trente images. La première double page est composée de photographies verticales, constituées de teintes grisâtres propres au béton des trottoirs en travaux, entrecoupées des premiers rayons du soleil lorrain. La « route de béton sans couleur », telle qu'elle la décrit, s'oppose par la suite à une multitude de clichés du ciel matinal rosé. Rêvant d'évasion, Maryline rédige un poème composé d'enjambements :

« J'aimerais voir
Des gens souriants, le ciel bleu qui invite à la bonne humeur.
Des animaux exotiques hauts en couleur !

---

[48] Voir DIDIER Béatrice, *op. cit.*, p. 33-34 : « Ces phénomènes de rupture remettent en cause l'organisation traditionnelle du paragraphe, l'orthographe, la répartition des blancs du texte, la majuscule, et jusqu'à la coupe des mots, tantôt agglomérés, tantôt hachés. Une fois de plus, je ne prétends pas que le phénomène soit uniquement féminin ; mais là aussi cet éclatement général de l'écriture a finalement, je crois, plus libéré de forces latentes et longuement brimées chez la femme que chez l'homme. »
[49] *Ibid.*, p. 32.
[50] *Ibid.*

Les rues fleuries.
Autre chose que ces routes polluées et ces voitures qui dégagent des fumées.
Je veux voir la vie comme elle est, comme elle vient sans me soucier de ses mauvais côtés. »

Elle compose le rythme de rimes plates appliquées aléatoirement : d'abord, « humeur » et « couleur », suivi de « fumées » et « côtés ». Une double page supplémentaire propose un contraste entre ses élucubrations romantiques et des images du ciel et d'une haie verte rencontrée pendant la marche. Maryline est une jeune fille rêveuse qui pratique la poésie, à laquelle elle mélange rimes et autres figures de style littéraires. Elle porte une attention particulière à son corps, par la réinsertion de celui-ci dans son récit. Là où ses camarades ont suivi la consigne de l'exercice au premier degré, qui est de raconter un trajet répétitif effectué entre le domicile et le lycée, Maryline montre une vue directe de ses pieds en train de marcher. Si l'intérêt pour la forme de l'écriture intime paraît si important, c'est parce que le récit de soi contemporain prend désormais en compte un regard extérieur. Ces quelques exemples d'adolescentes confirment ce qu'évoque Agnès Fine en 2000, écrivant sur la confrontation du genre féminin, dès le plus jeune âge de l'enfance, à un certain type de cadeaux comme du parfum et des carnets. Ceux-ci répondent à un objectif principal de pousser à « développer chez la jeune fille l'incorporation de valeurs artistiques ou, au minimum, de favoriser chez elle un certain maintien, une sorte de grâce, et une disposition à sentir[51] ». Alors, dans cette « écriture de la cosmétique[52] », « la trousse de stylos se confond avec la trousse de maquillage[53] ». Dans ce cas, l'intime est comme collé dans un album qui raconterait

---

[51] Fine Agnès, art. cit., p. 122.
[52] *Ibid.*
[53] Stéphane Do Van, cité dans *Ibid.*, p. 127.

une sélection d'expériences vécues collectivement, tout en gardant ses pages ouvertes à tous. Cette idée fait écho aux propos avancés par Anne Cauquelin, dans son livre *L'exposition de soi. Du journal intime aux webcams*, qui énonce la fin du modèle d'écriture intime fermée obligatoirement à tout spectateur, et le début de la lecture envisagée et autorisée à partir du processus de création[54]. Un certain nombre de jeunes filles continuent à faire évoluer leur pratique du journal intime au fil des années et très peu d'entre elles l'abandonnent en totalité, créant différents types d'écritures des femmes. Dans l'article cité précédemment, Agnès Fine explique que ces écritures peuvent « exprimer des temps féminins antagoniques marqués par quelques passages essentiels, définissant chacun les différentes étapes de la construction de l'identité sexuelle féminine[55] ». Elle évoque en premier le « temps des cahiers » et du journal intime, qui soutient le développement de l'adolescente, suivi des albums de naissance qui amène la maternité, avant d'atteindre le moment de « l'écriture des souvenirs et de l'écriture familiale[56] ». En d'autres termes, l'écriture de l'intimité des femmes semble tirer sa nature du domaine domestique. Elle ajoute que la réalisation d'une de ces écritures ne garantit pas la poursuite d'une autre, comme le fait de tenir un journal intime n'induit pas forcément la réalisation d'un faire-part de mariage ou d'un album de famille. Cela semble évident à notre époque contemporaine, mais il s'agit ici d'une amorce d'idées, dévoilées au sujet du contexte du XIXème siècle, qui insistent sur l'ouverture de la voie à l'émancipation de la création féminine hors des comportements sociaux attendus des femmes.

---

[54] CAUQUELIN Anne, *L'exposition de soi. Du journal intime aux webcams*, Paris, Eshel, 2003, p. 12.
[55] FINE Agnès, art. cit., p. 121.
[56] *Ibid.*

En 1971, Linda Nochlin, historienne de l'art, se demande : « pourquoi n'y a-t-il pas eu de grandes artistes femmes[57] » ? En 2021, en tapant les termes « femmes artistes » sur le moteur de recherche de notre ordinateur, nous découvrons quelques noms de femmes désormais reconnues, mais rendues invisibles pendant les débuts de leur carrière. L'un des premiers résultats est Camille Claudel qui, sans le savoir, « ne se soumet jamais au destin ordinaire des femmes à ce moment-là[58] ». En effet, elle est internée contre son gré en clinique psychiatrique, souffre du mal à se faire reconnaître comme artiste loin des ateliers d'hommes pour qui elle travaille pendant un temps. Nous retrouvons ensuite le nom de Niki de Saint Phalle qui crée ses *Nanas*, grandes silhouettes aux formes rondes et larges et de couleurs vives, célébrant son idée de la féminité. Enfin, Frida Kahlo, notamment connue pour son monosourcil et son corps invalide, meurtri à la suite d'un accident de la route, refuse le schéma traditionnel de la femme mexicaine catholique qui se voudrait épouse et mère. Cette dernière est souvent représentée, dans les films et pièces de théâtre à son honneur, comme l'enfant rebelle de sa famille, qui préfère se vêtir d'un costume considéré comme masculin plutôt que de la robe qui lui est réservée. Pendant leurs années de travail, ces femmes sont fréquemment considérées comme étranges. La philosophe française Fabienne Brugère dénonce ces critiques faites aux créatrices et écrit que, dans l'imaginaire commun, « les femmes sont anormales ou folles parce qu'elles n'ont pas la possibilité de créer quand elles sont douées ; la création est un privilège hautement masculin[59] ». Ce n'est donc pas anodin de voir Camille Claudel terminer ses

---

[57] Voir NOCHLIN Linda, *Pourquoi n'y a-t-il pas eu de grands artistes femmes ?*, Paris, Thames & Hudson, [1971] 2021.
[58] BRUGÈRE Fabienne, *op. cit.*, p. 17.
[59] *Ibid.*, p. 16.

jours en clinique psychiatrique ; pour les hommes, elle est une « aberration, presque une monstruosité. Une transgression à coup sûr[60] ». La question de la quête identitaire se trouve donc intrinsèque à la création féminine contemporaine et se développe sous des formes variées, plus ou moins proches du journal intime traditionnel. Certaines femmes donnent à leur création la place d'un thérapeute inanimé, d'une écoute matérielle qui donne l'impression d'offrir des conseils avisés ; d'autres mettent en forme de manière poétique, belle ou agréable à lire, les expériences vécues. Ces démarches proviennent d'une même volonté qui est de garder la trace de la vie quotidienne. Celle-ci, rédigée au singulier, désigne une réalité multiple : je n'ai pas la même vie quotidienne que mon voisin, mais il s'agit tout de même de la vie quotidienne telle que je l'entends. Elle est aussi discutée dans sa forme collective, l'écriture intime étant une « écriture quotidienne [qui] appartient à tout le monde[61] ». L'écriture, tantôt « technique », tantôt « expression », selon Brigitte Bouquet, est aussi ce qui « assigne au langage une fonction sociale, idéologique, politique[62] ». L'écriture est avant tout une « médiation indispensable pour s'exprimer, réfléchir, communiquer et entrer en relation, mais aussi pour laisser des traces et transmettre savoirs et compétences[63] ». Les écritures des femmes artistes, émancipées hors des carcans des normes bienséantes, prennent des formes variées. Textes, dessins, peintures, broderies... la réalisation d'un récit intime à l'aide de techniques diverses correspond à une « démarche de recherche identitaire[64] », qui aide à se connaître soi-

---

[60] LACOUE-LABARTHE Isabelle, art. cit., p. 113.
[61] BOGAERT Catherine, LEJEUNE Philippe, op. cit., p. 5.
[62] BOUQUET Brigitte, « Écrire son histoire de vie. Connaissance et quête de reconnaissance », Vie sociale, vol. 9, n° 1, 2015, p. 33.
[63] Ibid.
[64] Ibid, p. 38.

même, une « démarche de témoignage[65] », qui laisse la trace d'un passage dans le monde et, enfin, une « démarche existentielle[66] » : par le récit de soi, se chercher et se retrouver.

Selon Béatrice Didier, chaque femme crée une forme de « plasticité » qui lui permet de s'affranchir des codes et « transformer le moule[67] » de son époque. Une telle transformation est possible en raison des stéréotypes desquels elle s'émancipe, qui « n'ont pas été faits ni par elle, ni pour lui permettre de s'exprimer vraiment[68] ». Alors, dans la vidéo *La Vie Heureuse* réalisée en 1998, quand Valérie Pavia énonce tout ce qu'elle n'a jamais fait, elle vient exprimer ce « droit à la différence[69] » qu'évoque déjà Béatrice Didier. Née à Montpellier, Valérie Pavia est une artiste qui effectue des travaux de vidéo, photographie, peinture et écriture. *La Vie Heureuse* est une vidéo d'une durée de trois minutes et se rapporte au genre de l'autoportrait. L'artiste y joue son propre rôle, ses cheveux remplacés par une perruque blonde dont les mèches décoiffées tombent devant ses yeux sombres. Les plans s'approchent progressivement, jusqu'à un plan serré sur le visage de l'artiste, et reculent de façon cadencée dès que celle-ci prononce une nouvelle phrase. L'image est composée de différentes teintes de bleu et de noir, les deux différenciant les formes des parties du visage de l'artiste. L'association du bleu au noir offre à la scène un aspect feutré, nocturne, voire peut-être masculin, si l'on associe aux filles le rose et aux garçons le bleu, que Valérie Pavia construit avec le port d'une chemise blanche à col fermé jusqu'en haut et d'une cravate sombre. L'usage d'une caméra et d'un outil de cap-

---

[65] *Ibid.*
[66] *Ibid.*
[67] DIDIER Béatrice, *op. cit.*, p. 23.
[68] *Ibid.*, p. 31.
[69] *Ibid.*

tage de son précaire, en raison de l'année de réalisation de l'œuvre, renforce la dimension de naïveté travaillée ici. Le visage ne semble que très peu maquillé et sa voix claire introduit une allure de petite fille. La tenue, les couleurs, les vêtements neutres et les expressions corporelles de l'artiste attirent davantage l'attention du spectateur vers le texte prononcé, qui est tantôt banal, tantôt plus grave. Dans cette vidéo, Valérie Pavia déclare :

« Je ne suis jamais allée à New York,
Je n'ai jamais mangé d'huîtres,
Je n'ai jamais fait de gâteau,
Je n'ai jamais eu de chevaux,
Je ne me suis jamais mariée,
Je n'ai jamais fait de boxe,
Je n'ai jamais marché en talons aiguilles,
Je n'ai jamais déterré de mort […]. »

Peu nous importe de savoir que Valérie Pavia n'a jamais porté de talons aiguilles. Toutefois, nous voilà presque rassurés d'apprendre qu'elle n'a jamais déterré de mort. L'artiste évoque ici des tabous sociaux avec simplicité, et ouvre ainsi la discussion sur la moralité liée à certains actes énoncés, comme l'évocation de l'avortement. En listant tout ce qu'elle n'a jamais fait, plutôt que ce qu'elle a déjà fait, elle procède alors à des aveux indirects et sous-entendus. Déterrer un mort constitue évidemment un crime. Cependant, y a-t-elle songé à un moment donné de sa vie ? Un dernier plan montre un carnet dans lequel elle rature certaines phrases une fois prononcées, comme « je n'ai jamais été pauvre » et « je n'ai jamais acheté de tapis ». D'autres phrases ne sont pas rayées : « je ne suis jamais allée au club » et « je n'ai jamais eu d'otarie ». L'œuvre appelle à la réaction du spectateur qui interroge l'absurdité des affirmations : si elle n'a jamais eu d'otarie, qui a bien pu en avoir une ? Si elle n'a jamais acheté de tapis, à quoi ressemble la décoration des pièces de son domicile ? Pourquoi n'a-t-elle jamais été au club ? N'est-ce pas pourtant un lieu adoré des jeunes gens, qui dansent et s'amusent entre amis ? A-t-elle fait tout ce qu'elle voudrait faire dans la vie ? Dans cette vidéo, l'artiste incarne le rôle principal de son autobiographie ; avouant, sans jamais avouer, elle met à distance le spectateur qui « ne trouve jamais vraiment rien sur elle[70] », si bien que l'artiste reste celle qui détient sa propre version de la vérité.

« On ne naît pas Je, on le devient[71] », défend Chloé Delaume en 2010. Pour beaucoup de femmes, la création, quel que soit le médium utilisé, intègre un enjeu identitaire qui justifie de sa condition de femme, sa liberté de choisir et d'agir, son identité de genre, l'acceptation de sa sexualité, le refus des normes corporelles, la quête de son plaisir et la création de nouveaux canons de beautés inclusifs et fluides, amenant un regard critique sur tous ces éléments. Ce regard externe accuse la création féminine d'un narcissisme particulier, entre nombrilisme et exhibitionnisme, sous prétexte que l'œuvre associe pleinement la biographie de la créatrice à sa création. En ce sens, la connaissance de la vie personnelle de celle qui crée est souvent nécessaire pour le regard critique du spectateur. Mais tous ne pensent de cette manière, comme Simone Korff-Sausse, qui écrit que « certains pensent que pour apprécier une œuvre, il n'est pas vraiment important de savoir qui en est l'auteur, homme ou femme. On sait très peu de choses sur Vermeer... il est difficile néanmoins d'ignorer les circonstances de création d'une œuvre, ainsi que le contexte de sa

---

[70] Traduction personnelle. Voir LIMA, « Valérie Pavia, *La Vie Heureuse*, 1998, 3'00" », présentation de l'œuvre. Disponible en ligne : https://www.lima.nl/lima/catalogue/art/valrie-pavia/la-vie-heureuse/4896, page consultée le 05/04/2021.
[71] DELAUME Chloé, *La règle du Je. Autofiction : un essai*, Paris, Presses Universitaires de France, 2010, p. 8.

production et de sa réception. L'artiste n'est pas seul avec sa création. Et [...] l'histoire de vie d'un artiste contribue à éclairer son travail[72] ». Nous pensons alors qu'il est souhaitable de revendiquer l'association de la biographie à la création, dans la mesure où la création prend pour matière les extraits biographiques d'une artiste.

Les travaux signés Annette Messager illustrent cette nécessité de lier l'intimité d'une artiste à son œuvre. En effet, les deux dimensions de privé et de public ne peuvent se séparer dans sa création principalement textile et documentaire. Elle présente une identité de femme à la personnalité multiple, qui crée des œuvres basées sur son intimité. Cette identité correspond à un personnage fictif au nom d'Annette Messager suivi d'un adjectif : Annette Messager collectionneuse, truqueuse... C'est « une jeune fille de l'époque d'avant la pilule, la tête pleine de clichés et de fantasmes, à la recherche de son identité[73] ». Telle une adolescente des plus traditionnelles, l'artiste joue avec les clichés qui lui sont associés. *Mes jalousies*, collection réalisée en 1972, illustre le regard perdu d'une jeune fille dans son miroir, qui se compare aux femmes imprimées dans les magazines. L'œuvre présente une sélection de coupures de portraits de célébrités, sur lesquelles Annette Messager trace des lignes qui accentuent les rides des visages parfaitement lisses, fait disparaître les sourires impeccables et noircit les regards séducteurs à l'aide d'un feutre noir. Cette manière de collectionner la pousse à mettre en œuvre ce qu'Anne Bénichou relève plus tard, lorsqu'elle évoque le caractère dérangeant du changement de la notion d'œuvre d'art au cours du vingtième siècle. Elle écrit : « des objets qui semblaient dépourvus de di-

---

[72] KORFF-SAUSSE Simone, « Y a-t-il une créativité au féminin ? », *Le Coq-héron*, n° 226, 2016, p. 140.
[73] DE MAISON ROUGE Isabelle, *Mythologies personnelles : L'art contemporain et l'intime*, Paris, Scala, 2004, p. 61.

mension esthétique se sont vus intégrés à la catégorie des Beaux-Arts, non sans soulever des débats houleux. Les corpus documentaires que les artistes ont constitués sur leurs œuvres éphémères et conceptuelles à compter des années soixante procèdent de ce même phénomène[74] ». Alors, Annette Messager s'inscrit dans la lignée de ces artistes originaux, si bien qu'elle n'hésite pas à présenter des éléments à première vue sans grande portée plastique au sein de l'espace d'exposition. La collection *Pour trouver ma meilleure signature* est l'occasion pour elle de travailler sur une meilleure image de soi à travers l'art. Elle affiche le déroulement de cette quête identitaire et ne se débarrasse d'aucun essai raté ; plutôt, elle compose sa collection de signatures d'une série de quatre-vingt cadres. Les collections formées par Annette Messager relèvent du registre intime et quotidien. Elles n'ont, pour beaucoup, que très peu de caractère esthétique mais gardent un axe tourné vers le féminisme et la vision de la femme par excellence des années 1960, si bien qu'on « y découvre une Annette Messager qui, jouant tour à tour à la bonne ménagère et à la midinette, à la femme-enfant et à la putain, vous balance à peu près tout sur l'image de la femme façonnée par l'homme, la publicité, les magazines[75] ». Les essais et les erreurs font partie de sa signature finale qui présente au monde son identité d'artiste : à peine lisible ou en caractères majuscules et la moitié du nom soulignée d'un trait vif, en boucles tellement serrées qu'on ne peut plus en différencier les lettres... Prouvant que

---

[74] BÉNICHOU Anne, « Entre documentation et création », dans BÉNICHOU Anne (éd.), *Ouvrir le document. Enjeux et pratiques de la documentation dans les arts visuels contemporains*, Paris, Les Presses du Réel, 2010, p. 21.
[75] BREERETTE Geneviève, « La rétrospective Annette Messager, collectionneuse et "truqueuse" », *Le Monde*, 02 avril 1995. Disponible en ligne : https://www.lemonde.fr/archives/article/1995/04/02/la-retrospective-annette-messager-collectionneuse-et-truqueuse_3872977_1819218.html, page consultée le 05/04/2021.

« l'accession des images documentaires au rang d'œuvres d'art [s'accompagne] d'un appauvrissement de leur portée sémantique[76] », les essais de signature manuscrite réalisés par Annette Messager sont la production de l'archive d'une quête de soi.

> « "Le proverbe est l'enfant de l'expérience", dit-on. En 1973, j'ai commencé à rassembler ce que la sagesse populaire avait retenu des femmes au cours des siècles et dans les différents pays. Le fonds commun en est très pessimiste. J'ai bientôt observé que les hommes redoutent avec épouvante les femmes tout autant qu'ils craignent la mort ; ce sont les deux phénomènes inéluctables à subir. Les autres sujets de ces "vérités" tombées dans l'usage commun semblent tous avoir leur contraire, pour nous rassurer dans notre vie quotidienne – Tandis qu'ici il y a unanimité pour montrer le fléau féminin qui aurait détérioré le monde entier[77]. »

Le proverbe désigne une « sentence courte et imagée, d'usage commun, qui exprime une vérité d'expérience ou un conseil de sagesse et auquel se réfère le locuteur[78] ». Les proverbes sont des phrases qui appartiennent à tout le monde, en raison de leur connaissance et utilisation collective qui se fait souvent depuis des siècles. Il s'agit, comme Annette Messager le déclare, d'une pratique devenue courante, d'écrire ou de prononcer des « vérités » qui ont l'objectif de « nous rassurer dans notre vie quotidienne ». « Mieux vaut être seul que mal accompagné », « on n'est jamais mieux servi que par soi-même », « l'habit ne fait pas le moine »… Les proverbes français sont nombreux, nous les connaissons toutes et tous parce qu'ils sont répétés et encore répétés depuis de longues années. Dans *Ma*

---

[76] BÉNICHOU Anne, *op. cit.*, p. 21.
[77] MESSAGER Annette, *Ma collection de proverbes. Annette Messager collectionneuse*, Giancarlo Politi, Milan, 1976, n. p.
[78] Définition « Proverbe ». Disponible en ligne : https://www.cnrtl.fr/definition/proverbe, page consultée le 07/04/2021.

collection de proverbes, Annette Messager questionne la nature d'une série de proverbes volontairement misogynes. Elle inscrit ses courtes phrases avec du fil à broder sur une surface de toile de coton blanc au tissage serré, qui est l'un des types de tissu les plus utilisés en broderie traditionnelle[79]. Cette toile appelle, lorsqu'on prend de la distance par rapport à son accrochage, à apprécier la pureté simplifiée associée à une sorte de douceur qui réside dans le choix des matériaux clairs et neutres utilisés par l'artiste. Elle fait penser également aux anciens mouchoirs brodés et linges de maison appartenant au trousseau de mariage de nos grand-mères, celles qui tissaient, brodaient et marquaient l'appartenance à leur généalogie sur les draps et tissus utilisés par les membres de leur famille. Les mouchoirs familiaux anciennement surmontés de fleurs et d'initiales soigneusement marqués d'un travail lent et fastidieux, se retrouvent dans ces mouchoirs blancs et à bords bruts qui présentent les proverbes d'Annette Messager. Les lettres sont inscrites à l'aide d'une forme de broderie libre, qui se fait généralement « sur n'importe quel type de tissu car elle se brode sans tenir compte des fils de trame et de chaîne. Le motif est généralement tracé sur le tissu mais peut être brodé à main levée[80] ». C'est ce que semble effectuer l'artiste ici ; les lettres font penser à la technique du point de tige qui « sert à réaliser des lignes droites ou incurvées[81] ». Avec le point de tige, « les points doivent être de même longueur, sauf dans les courbes très marquées, où ils peuvent être plus petits pour former une ligne plus fluide[82] ». À main levée, elle utilise ce qui ressemble à un point linéaire aux dimensions variables et à

---

[79] CAMPBELL Jennifer, BAKEWELL Ann-Marie, *La broderie en 260 points. Méthode et application*, Paris, marabout, 2004, p. 10.
[80] *Ibid.*, p. 26.
[81] *Ibid.*
[82] *Ibid.*

l'apparence peu maîtrisée, qui l'inscrivent toutefois dans la tradition des arts textiles.

La broderie a une portée décorative qui enlève à première vue toute notion de communication et de transmission de message par les mots comme le fait Annette Messager. En effet, la broderie, « art d'exécuter sur une toile avec du fil et une aiguille un ouvrage d'ornement[83] », est avant tout un art de la lenteur et du silence permettant la réalisation d'un objet décoratif. Ici, l'artiste ajoute ce lien nécessaire à l'écriture intime, créant une analogie entre le stylo et l'aiguille, le journal intime qui, « comme la broderie […] [est] un acte solitaire[84] ». La broderie à main levée offre au texte une série d'imperfections dans lesquelles les mots sont penchés de côté et les traits sont instables. L'usage de plusieurs brins de fil forment une écriture épaisse. Des lettres majuscules composent toutes ces phrases, peut-être plus faciles à broder rapidement qu'une écriture cursive, comme pour insister sur les mots qui prennent alors la forme d'un cri. Nous remarquons les fils de construction des lettres se refléter à travers la transparence des tissus, ce qui laisse deviner où se trouvent les nœuds qui fixent les fils, ainsi que le sens du mouvement réalisé à l'arrière du support. La tradition féminine de la broderie s'associe aux valeurs de la féminité relevées en 2019 par Fabienne Brugère, qui critique le fait d'associer la femme à des idées de soumission, vertu, soin et pudeur[85]. La violence des écrits des travaux d'aiguille appartenant à Annette Messager se contraste à travers l'usage des couleurs des fils de coton : bleu, vert, rouge ou violet, ceux-ci confirment l'intégration d'un souci esthétique de l'artiste et attirent l'œil du spectateur qui s'approche et

---

[83] *Ibid.*
[84] FINE Agnès, art. cit., p. 136.
[85] BRUGÈRE Fabienne, *op. cit.*, p. 44.

constate la présence de lettres serrées ou larges et aux bords pointus.

> « Coudre : rapiécer, repriser, raccommoder, réparer, faire durer. Elle me lie plus largement à une tradition de femmes, dont l'on a occupé les petites mains à l'ouvrage, à ces jouvencelles, sages apprenties, brodant leur trousseau, bercées d'illusions. [...] En s'appropriant cette technique, [les artistes femmes] l'ont en quelque sorte rendue aux femmes ; elles ont montré que cette pratique appartient à l'histoire des femmes et qu'elle en est un mode de transmission privilégié, que femmes et couture sont intimement liées. Car la couture, avant de nous servir, a contribué à nous asservir, nous reléguant à des tâches imposées par un schéma réactionnaire. [...] La couture et la broderie sont empreintes de la violence insidieuse faite aux femmes dans notre société avant leur libération. Ces activités ont fait partie d'un carcan social les modelant tel un corset invisible[86]. »

Certains proverbes rédigés par Annette Messager méritent quelques précisions sémantiques. Le proverbe « langue de femme, couteau à deux tranchants » fait lien au caractère féminin du bavardage. « Bavarder est féminin », écrit par ailleurs Virginie Despentes. « Tout ce qui ne laisse pas de trace. Ce qui est domestique, se refait tous les jours, ne porte pas de nom. Pas les grands discours, pas les grands livres, pas les grandes choses. Les petites choses. Mignonnes. Féminines[87] », ajoute-t-elle, en opposition à ce qui est viril, assumé, bruyant et raisonné. L'artiste exprime alors que les ragots et la sournoiserie sont associés aux paroles des femmes et aux langues de celles-ci. Le proverbe « à toute heure, chien pisse et femme pleure » rappelle cette fois la « sensibilité supposée

---

[86] GEOFFRAY Agnès, « La peur du noir. L'intime à l'œuvre », dans CHIRON Éliane, LELIÈVRE Anaïs (dir.), *L'intime, le privé, le public dans l'art contemporain*, Paris, Publications de la Sorbonne, 2012, p. 128-129.
[87] DESPENTES Virginie, *King Kong Théorie*, Paris, Grasset, 2006, p. 127.

féminine[88] ». Comparée à un animal, la femme est telle une petite fille qui fait un caprice pour recevoir quelque chose en retour, une chialeuse qui, par définition, « pleure facilement[89] ». Annette Messager insiste ensuite sur la question de l'identité des femmes, avec le proverbe suivant : « il faut prendre les hommes tels qu'ils sont et les femmes telles qu'elles veulent être ». En écrivant que les hommes « sont » et que les femmes « veulent être », elle évoque le fait que beaucoup de femmes et de jeunes filles sont toujours à la « recherche d'une identité en passe de se décomposer[90] ». Il semble donc impossible de se fixer une identité propre tant que celle-ci s'efface continuellement lorsqu'on croit enfin l'effleurer. Ce proverbe peut être mis en lien avec les *Jalousies* et les essais de signatures évoquées précédemment, dans le sens où le féminin valoriserait une façon de paraître plutôt que d'être profondément, à travers la mise en compétition constante de soi aux autres femmes. L'artiste pousse ensuite à s'interroger sur ce qu'est une « bonne » femme, à travers le proverbe suivant : « les femmes et les melons, il est difficile de reconnaître les bons ». Assimilée à un fruit choisi pour ses qualités physiques, la valeur d'une femme se mesurerait uniquement en comparaison avec l'existence d'autres femmes qui seraient éventuellement meilleures. Des normes nourrissent l'objectivation sexuelle qui évalue les femmes et les réduit à leurs caractéristiques corporelles. S'il est difficile de déclarer que nous sommes une femme ou un homme dès notre naissance, c'est parce que ce mode de pensée selon lequel le genre dépendrait d'un caractère naturel plutôt que d'un caractère social, diminue la présence de personnes fluides dans le genre. Pascale Molinier

---

[88] LACOUE-LABARTHE Isabelle, art. cit., p. 123.
[89] Définition « Chialeur, euse ». Disponible en ligne : https://www.cnrtl.fr/definition/chialeuse, page consultée le 08/04/2021.
[90] CAUQUELIN Anne, *op. cit.*, p. 90.

avance que « nous vivons dans un monde genré où nous sommes en permanence lus et interprétés dans les catégories du genre[91] », ce qui signifie que le genre est davantage un élément correspondant au contexte dans lequel nous nous construisons, qu'un phénomène de naissance qui ne peut être changé. Le genre en tant que construction culturelle et sociale permet ainsi d'avancer qu'une femme ne se définit plus par son sexe et ses capacités de reproduction.

Les artistes décident de la mise en pratique de certains médiums permettant le récit intime et agissent selon un principe de liberté totale. Les choix plastiques sont subjectifs, si bien que certaines femmes s'autorisent à créer en amateur. Certaines écrivaines ne suivent pas les règles littéraires traditionnelles et inventées par des hommes[92], des photographes ne respectent pas les contraintes de la photographie artistique[93] et d'autres dessinatrices et pein-

---

[91] MOLINIER Pascale, dans FAUSTO-STERLING Anne, *Les cinq sexes. Pourquoi mâle et femelle ne sont pas suffisants*, Paris, Petite Bibliothèque Payot, 2013, p. 20.
[92] Les règles d'application du langage, de l'écriture et de la parole orale, sont d'abord un instrument de domination masculine. Aujourd'hui, des débats éclatent sur la légitimité du choix de refuser le mot « autrice », comparé au mot « auteure » : son refus, plus qu'un simple fait de langage, entend annuler l'accès des femmes à une profession auparavant réservée aux hommes. Voir DELAUME Chloé, *Les Sorcières de la République*, Paris, Seuil, 2016, p. 197 : « Au pays de Marianne, le pouvoir n'était pas conçu pour être féminisé. […] Au commencement était le verbe, et le pouvoir aux grammairiens. […] En 1767, Nicolas Beauzée, Grammaire générale : "Le genre masculin est réputé plus noble que le genre féminin à cause de la supériorité du mâle sur la femelle." En 1772, Nicolas Beauzée, grammairien, est élu à l'Académie française. Depuis, le masculin l'emporte sur le féminin ».
[93] Le travail instantané de la photographe américaine Nan Goldin en est un exemple.
« Dans les années 1980, je pense que j'ai renouvelé le regard photographique. J'ai permis à des gens de montrer que leur vie avait autant de valeur et d'intérêt que celle de ces autres qu'ils ne connaissaient pas. Je crois réellement que j'ai ouvert une brèche. » Nan Goldin, citée dans DELYE Hélène, « "Nan Goldin, instantanés" Jeudi 12 septembre à 23 h 30 sur Arte. Entre Paris et Berlin, un portrait de la célèbre photographe américaine », *Le Monde*, 12 septembre 2013. Disponible en ligne :

tresses produisent consciemment des toiles griffonnées et brutes[94]. Nous avons à disposition une grande quantité d'exemples de pratiques artistiques originales, sans retenue ou non, certaines pudiques ou d'autres radicalement honnêtes. Cela se retrouve aussi dans les thématiques abordées par ces femmes ; qui dit récit de la réalité des corps féminins existants, dit témoignages incongrus et choquant parfois une partie de la population spectatrice qui ne s'y attend pas toujours. Par exemple, il y a des récits d'épisodes suicidaires, la représentation du traumatisme porté par un avortement[95], de même que d'autres qui présentent des expériences qui peuvent faire s'esclaffer le spectateur : « ce n'est pas de l'art » ou « moi aussi je sais faire cela ». C'est bien ce qui importe ici : tout le monde sait faire « ça » et tout le monde est appelé à le faire à sa manière. Pendant un temps, la création féminine est appelée à se limiter à la broderie, à la couture et plus généralement aux arts textiles. Mais, nous sommes en 2021 et « le stylo est aussi l'instrument de l'accès à la culture et au pouvoir, et donc celui d'une émancipation des femmes hors du monde féminin traditionnel[96] ». Les artistes parviennent alors à rêver d'une émancipation féministe, avant de la mettre en œuvre par la réappropriation des médiums associés à la domination du masculin sur le féminin. Si les récits féminins portent la trace de « la place croissante de l'élection des femmes dans les relations familiales et du rôle dominant joué par les femmes dans cette évolu-

---

https://www.lemonde.fr/culture/article/2013/09/12/nan-goldin-instantanes_3472614_3246.html, page consultée le 23/03/2021.
[94] Le processus de réalisation des monotypes de l'artiste britannique Tracey Emin illustre cet exemple.
[95] Voir par exemple : Tracey Emin, *My Abortion* (« Mon avortement »), 1990, cinq éléments encadrés et texte manuscrit, dimensions variables, collection Frank Gallipoli.
[96] FINE Agnès, art. cit., p. 137.

tion[97] », alors pourquoi débattons-nous encore aujourd'hui de la faiblesse de la féminisation de la société et des mondes de l'art ? Dans son livre *Les femmes artistes sont dangereuses*, Laure Adler écrit : « force est de constater qu'on ne naît pas artiste mais qu'on le devient. Et que, quand on est née du mauvais côté – c'est-à-dire de celui qui n'y a pas droit –, être artiste, le prouver, y avoir accès, produire, montrer, continuer à le demeurer est un combat permanent, dangereux, épuisant, physiquement, intellectuellement[98] ». Les femmes ont connu des changements indéniables à travers les siècles – l'accès à la contraception, le droit à l'avortement, le droit de vote, etc. – mais ce n'est pas parce que cela a été obtenu une fois que cela le restera à l'avenir, et c'est pourquoi création artistique, récits intimes et féminisme se confondent.

2. L'adaptation de procédés artistiques et littéraires identifiables

2.1. Un renouvellement numérique du journal intime

Par définition, l'écriture désigne un « ensemble de caractères d'un système de représentation graphique » tracés sur papier, une « manière personnelle de tracer les caractères[99] » et une façon d'orthographier. Lorsqu'on tient un crayon, un stylo ou un feutre entre les doigts, il est facile de compléter les lettres de formes dessinées qui expriment davantage notre pensée lorsque les mots ne suffisent pas.

---

[97] *Ibid.*
[98] ADLER Laure, « Elles sont artistes et elles le revendiquent. Histoire d'un combat qui est loin d'être terminé », dans ADLER Laure, VIÉVILLE Camille, *Les femmes artistes sont dangereuses*, Paris, Flammarion, 2018, p. 10-11.
[99] Définition « Écriture ». Disponible en ligne : https://cnrtl.fr/definition/%C3%A9criture, page consultée le 23/03/2021.

Alors, le dessin et la peinture entrent dans le journal intime. Cependant, ce n'est parfois toujours pas suffisant pour retranscrire ce que nous voulons vraiment fixer dans le temps. Catherine Bogaert et Philippe Lejeune attirent l'attention sur la présence de plus en plus systématique des objets tirés de la vie quotidienne dans les carnets et journaux intimes : « aux fleurs séchées et aux trèfles à quatre feuilles qui, dès le siècle romantique, glissent poésie et secrets entre les pages, succèdent les objets les plus inattendus – tickets, billets et lettres, jusqu'au reste de la première cigarette adolescente –, souvenirs dont la seule contrainte est qu'ils puissent être absorbés par la taille du cahier[100] ». Alors, si l'autrice veut faire dépasser des éléments hors de la taille imposée par le carnet, souvent limitée et rarement au-dessus de 29,7 centimètres de hauteur, elle peut faire le choix de photographier ou de filmer. Les récits de soi féminins à l'époque contemporaine sont des créations faisant usage de plusieurs éléments mélangés ou utilisés seuls : l'écriture, la captation des images fixes ou en mouvement, le document, la collection… Ces pratiques documentaires sont toutes liées à celle du journal intime. Aussi, en suivant le cours des années 2000, les talk-shows, télé-réalités et autres émissions télévisées accompagnent les blogs en ligne et justifient le développement de l'ancrage social des réseaux sociaux.

> « La mise en scène de sa propre vie a été rendue possible pour le plus grand nombre dès l'apparition de la photographie au XIXᵉ siècle, et de façon toujours plus massive grâce aux progrès techniques, du Kodak (1888) à l'Instamatic (1963) jusqu'à l'appareil photo numérique accessible au grand public (le QV10 de Casio) en 1995. Si les moyens de prise de vue se sont améliorés lentement (plus d'un siècle), la diffusion, elle, s'est rapidement démultipliée ces dix der-

---

[100] BOGAERT Catherine, LEJEUNE Philippe, *op. cit.*, p. 119.

nières années avec l'apparition du Web 2.0 à la fin des années 2000, un réseau de publication ouvert dans lequel les utilisateurs ont la main sur les contenus et peuvent décider directement de ce qui peut être rendu visible, et ce, à l'échelle mondiale[101]. »

Dans cet extrait, Magali Nachtergael soulève un changement : après la création par le médium numérique, elle soulève la possibilité d'une diffusion numérique qui se popularise rapidement à la fin des années 2000 et grâce au réseau Internet. Les années 2000 marquent le début de la publication des journaux intimes sur des blogs en ligne. L'année 2021 en reste très éloignée, dans le sens où les évolutions ne cessent de s'accroître, qu'il s'agisse de TikTok, Instagram ou Facebook, qui sont des exemples parmi d'autres. Magali Nachtergael explique qu'il existe deux mondes qui se distinguent, ceux-ci étant les mondes « d'avant et d'après Internet[102] ». Alors, comment étudier la création intime passant par le numérique, avec un regard posé sur le monde développé après Internet ? Comment se mettent en récit les femmes d'après Internet ? Quelles sont ces femmes qui, souvent sans le savoir, se rapprochent d'une pratique artistique déjà reconnue par l'institution artistique ? Le journal intime est libre ; chacun y utilise la langue, les techniques et les supports comme il le souhaite. Cependant, en 2008, Oriane Deseilligny reconnaît des « récurrences formelles[103] » dans la présentation des récits intimes publiés sur les blogs en ligne. Les entrées de journal, désormais appelées articles de blog, font « référence à la forme épistolaire[104] », si bien que les récits intègrent un

---

[101] NACHTERGAEL Magali, « Mythologies individuelles, mythologies numériques ? », *Itinéraires*, n° 1, 2015, p. 1.
[102] *Ibid.*
[103] DESEILLIGNY Oriane, « Du journal intime au blog : quelles métamorphoses du texte ? », *Communication & Langages*, n° 155, 2008, p. 48.
[104] *Ibid.*, p. 51.

lecteur destinataire, qu'il s'agisse de soi-même ou d'une personne extérieure inconnue ou connue. Selon ce nouveau mode d'écriture, nous retrouvons des similitudes dans la présentation de la page : « l'automatisation de l'inscription de la date et du pseudonyme du scripteur dans chaque [publication] – entérine des usages sociaux et rédactionnels anciens mais apparaît en effet comme préformatée par le dispositif technique[105] ». Le récit de soi est donc facilité par le numérique et chaque auteur peut laisser l'ordinateur inscrire la date du jour, l'heure et les secondes précises de publication d'un article. Avec cette base d'écran sur lequel se trouve le texte, coexistent les photographies, vidéos, liens cliquables et autres éléments numériques. Comme dans l'usage du papier et du crayon, l'écran d'ordinateur ou de téléphone portable laisse un libre choix aux auteurs, la contrainte évidente étant de posséder, d'acheter ou d'emprunter le matériel nécessaire à l'écriture numérique. La démocratisation des outils numériques dans notre contexte social occidental fait que chacun peut désormais y avoir accès. Certains ne le font pas, par absence de moyens financiers, d'autres ne le veulent pas, par absence d'intérêt, mais d'autres encore le font de près ou de loin ; qu'elles soient blogueuses, youtubeuses, instagrammeuses ou tiktokeuses, nous pensons que toutes sont aussi, à leur manière, diaristes contemporaines.

Le blog participatif en ligne intitulé *Le corps des femmes* appelle les femmes qui le consultent à envoyer, à travers une adresse électronique, le récit de la relation intime qu'elles entretiennent individuellement avec leur corps. Le nom du blog fait appel à un « corps » singulier et insiste sur une vision collective de celui-ci, qui s'enrichit à l'aide de l'instauration de catégories qui classent les récits en fonction de leurs thématiques générales. Aussi, les

---

[105] *Ibid.*, p. 60.

« femmes » sont précisées au pluriel ; il s'agit donc d'un groupe particulier dans lequel est femme qui se reconnaît dans l'appel du blog. *Le corps des femmes* est un espace d'échange où les femmes se déclarent femmes et se racontent en tant que femmes à partir d'une narration collective mêlant image et texte. Marie-Amélie Massias, autrice à l'initiative du blog, appelle à envoyer « une photo d'une partie de [leur] corps[106] » et profite ainsi des possibilités abondantes de l'image numérique. En demandant un « texte qui l'accompagne », l'autrice fait appel à un récit passant par les mots, qui explique les ressentis et l'histoire de ce corps montré par la photographie. Le texte agit donc comme une légende qui explique ce qui se trouve sur l'image – le retour au récit qui provient de l'intérieur du corps –, autrement dit, tout ce qu'on ne pourrait pas comprendre par un aperçu unique du corps. Aussi, Marie-Amélie Massias demande un pseudonyme et garantit l'anonymat des participantes. Elle appuie alors sur un désir de liberté ; beaucoup décident par la suite de ne pas signer leurs textes, tandis qu'une autre garde l'initiale de son prénom, d'autres imaginent un pseudo, choisissent un surnom probablement déjà adopté au quotidien ou ajoutent un numéro au prénom choisi[107]. L'interface du blog, composée d'un fond gris clair et de colonnes blanches, rappelle le blanc de la page d'un journal intime. Cet espace est soutenu par une police d'écriture foncée qui permet une lecture agréable des récits publiés. À gauche, une fine colonne immobile présente le titre du blog accompagné de son sous-titre, un encadré de la page Facebook associée,

---

[106] *Le corps des femmes*. Disponible en ligne : https://le-corps-des-femmes.com/, page consultée le 16/04/2021.
[107] Voir par exemple : « J. », dans « Mon ventre-sourire », article publié le 23 décembre 2014 ; « A tire d'Elle », dans « Papillon blessé », article publié le 27 décembre 2012 ; « Loriss_42 », dans « Mes poils et ma féminité », article publié le 4 février 2015.

un rectangle de recherche par mot clé, les modalités de soumission des récits, une liste de catégories à dérouler, le nombre de visites et les cinq commentaires les plus récents. Le *scrolling*, ou défilement de la page, est infini, ce qui signifie qu'il n'y a pas de numéros de pages sur lesquels cliquer. Il s'agit alors de faire défiler la page vers le haut ou le bas avec la souris de l'ordinateur, afin de faire charger les articles plus anciens. Qu'il soit sur la page d'accueil ou sur une page de catégorie spécifique, l'usage du défilement infini permet d'accéder à un grand nombre d'informations d'un seul coup, offrant au lecteur la possibilité de flâner entre les articles. Les entrées de ce journal participatif sont publiées à l'initiative de l'autrice à l'origine du blog – aléatoirement, la publication fait disparaître la temporalité initiale des textes. En effet, la personne qui publie est celle qui reçoit les textes mais ne les écrit pas, ce qui fait qu'elle fait lire, à son tour, des moments de vie déjà terminés. En 1998, Philippe Lejeune se questionne déjà : « tient-on son journal de la même manière sur cahier et sur ordinateur[108] » ? Pour répondre à cette question, il lance, la même année, un appel au témoignage dirigé vers tout diariste numérique, ce après quoi il reçoit une soixantaine de réponses. À la suite de celles-ci, Philippe Lejeune identifie un changement numérique au sein du journal intime traditionnel :

> « Ce que je considère comme l'avantage principal, c'est la possibilité de faire entrer ce journal dans l'ère du multimédia qui commence. Mélanger mon texte avec images, graphiques, animations, modelages en 3 D – en faire une sorte de "scrap-book" électronique, est désormais possible. Le compléter par des séquences vidéo, et audio, sera, dans quelques années, à la portée de tous. Voilà l'avenir. Être plus que diariste : être l'architecte électronique de sa propre exis-

---

[108] LEJEUNE Philippe, « *Cher écran...* ». *Journal personnel, ordinateur, Internet,* Paris, Seuil, 2000, p. 11.

tence. Léguer à la postérité non pas un tas de cahiers moisissant, mais le compact de sa vie. Proposer à des générations futures son propre CDrom, témoignage modeste de sa trace sur Terre[109]. »

Jusqu'alors une hypothèse à confirmer au moment de la réalisation de cette étude par Philippe Lejeune, les journaux en ligne se complètent maintenant de techniques ; ainsi, à la paire de ciseaux et le tube de colle, succède la commande informatique « copier/coller » et le stylo-feutre est remplacé par l'option « texte gras ». Le blog *Le corps des femmes* prouve que les récits de soi sont multiformes. Par exemple, l'article « En vers… et contre tout[110] » propose un poème et « Ceci n'est pas une fiction[111] » convainc avec plusieurs figures de style comme la répétition. Ces autrices témoignent de leur connaissance des traditions littéraires et artistiques. Chaque entrée est accompagnée d'une ou plusieurs images et d'un texte à longueur variable. L'image introduit le texte au tout début de la publication, ce qui fait que la lecture d'un des récits ne se fait jamais sans visionnage de l'image en premier. Peut-être sans le savoir, Marie-Amélie Massias met en place un dispositif plastique qui rappelle celui de l'installation *Douleur exquise* réalisée entre 1984 et 2003 par Sophie Calle. Cette dernière, artiste plasticienne française, fait de sa vie la matière de son œuvre. L'installation *Douleur exquise* répond à l'une des visées premières du journal intime, qui est l'extériorisation des sentiments négatifs par la pratique quotidienne de l'écriture.

> « En 1984, le ministère des Affaires étrangères m'a accordé une bourse d'études de trois mois au Japon. Je suis partie le 25 octobre sans savoir que cette date marquait le début d'un

---

[109] *Ibid.* p. 19.
[110] *Le corps des femmes*, « En vers… et contre tout », article publié le 14 novembre 2011.
[111] *Ibid.*, « Ceci n'est pas une fiction », article publié le 27 janvier 2014.

compte à rebours de quatre-vingt-douze jours qui allait aboutir à une rupture, banale, mais que j'ai vécue alors comme le moment le plus douloureux de ma vie. J'en ai tenu ce voyage pour responsable. De retour en France, le 28 janvier 1985, j'ai choisi, par conjuration, de raconter ma souffrance plutôt que mon périple. En contrepartie, j'ai demandé à mes interlocuteurs, amis ou rencontres de fortune : "Quand avez-vous le plus souffert ?" Cet échange cesserait quand j'aurais épuisé ma propre histoire à force de la raconter, ou bien relativisé ma peine face à celle des autres. La méthode a été radicale : En trois mois j'étais guérie[112]. »

En 1984, Sophie Calle part au Japon et prévoit de retrouver son amant qui est censé la rejoindre quatre-vingt-douze jours après son départ. Le problème est qu'il ne vient pas et annonce sa rupture avec l'artiste à partir d'un coup de téléphone dans sa chambre d'hôtel, ce qui la fait énormément souffrir. Dans le but d'extérioriser la douleur de cette rupture amoureuse, l'artiste décide de réaliser, sous la forme d'un compte à rebours, le récit de sa douleur. Celui-ci commence ainsi : « l'homme que j'aime m'a quittée ». Arrivant à la fin, elle annonce la réussite de son œuvre et écrit sur ce qui est terminé : « l'homme que j'aimais m'a quittée ». L'installation est composée d'un ensemble de neuf polyptyques, chacun composé de deux photographies et deux broderies indissociables[113]. Aussi, dans le but d'extérioriser sa peine en même temps que celle d'autres femmes, elle interroge des inconnues au sujet de la nature de leur plus grande douleur. Christine

---

[112] Ce texte fait partie de l'œuvre *Douleur exquise*. Sophie Calle, citée dans BERTRON Juliette, « Sophie Calle, *Douleur exquise* : le récit de l'intime comme objet de la démarche artistique », *Sociétés & Représentations*, n° 33, 2012, p. 13-14.
[113] Centre Pompidou, présentation de l'œuvre de Sophie Calle, *Douleur exquise*, 1984-2003. Disponible en ligne : https://www.centrepompidou.fr/fr/ressources/oeuvre/c8EbaqX, page consultée le 16/04/2021.

Macel identifie l'effet d'une telle démarche comme un besoin de « relativiser[114] » la douleur personnelle de l'artiste. À travers la répétition des photographies du téléphone rouge de sa chambre d'hôtel durant son voyage, Sophie Calle rejoue la scène pendant laquelle son amant lui annonce, à travers un appel téléphonique, son désir de se séparer. Un tel procédé plastique permet de signifier que la thérapie est menée à bien et que les sentiments douloureux s'affaiblissent au fil de l'œuvre. Le dispositif d'exposition relève de l'intimité et prend la place d'une écoute « unique, singulière, celle qui ne juge pas et ne rejette rien, qui permet au sujet de raconter […] ces effondrements intimes, ignorés de tous[115] », remplaçant la figure du thérapeute dans le contexte d'une cure psychanalytique. Sophie Calle, cette « faiseuse d'histoires[116] », comme l'appelait Hervé Guibert, intègre à son œuvre une réflexion sur la photographie d'amateur. En effet, de ses yeux d'artiste, elle expose avant tout des photographies de vacances effectuées pendant son séjour. Ainsi se dresse un lien avec la posture des autrices du blog *Le corps des femmes*. Souvent, les clichés transmettent une ou plusieurs imperfections au niveau plastique : problèmes de cadrage, sous-exposition… Sophie Calle, artiste qui organise les témoignages reçus, de même que la personne derrière *Le corps des femmes*, participent à ce que la montréalaise Julie-Ann Latulippe, spécialisée dans la photographie vernaculaire, écrit : « L'artiste n'intervient pas sur les images, il ne fait que les insérer dans un contexte artistique et leur adjoint un texte, voire seulement un titre, qui oriente

---

[114] Christine Macel, dans DUPLAIX Sophie (dir.), *Collection art contemporain. La collection du Centre Pompidou, Musée national d'art moderne*, catalogue, Paris, Centre Georges Pompidou, 2007, cité dans *Ibid*.
[115] GRENIER Louise, *Les violences de l'autre. Faire parler les silences de son histoire* (3ᵉ éd.), Québec, Québec-Livres, 2017, p. 257. Le contexte est ici celui de la cure psychanalytique avec l'écoute qui se fait par le thérapeute.
[116] Hervé Guibert, cité dans BERTRON Juliette, art. cit., p. 20.

l'expérience du spectateur[117] ». Les témoignages de *Douleur exquise* excluent toute précision de date ou d'identité et ne présentent aucun nom, aucune signature, et ne gardent rien que les détails d'un événement douloureux, tandis que *Le corps des femmes* explique que l'entièreté des « témoignages sont gardés intacts, tant dans la présentation […] que dans le style ». Les deux collectionneuses de témoignages adoptent alors une démarche presque identique : là où Sophie Calle utilise des documents et clichés appartenant à son voyage en solitaire, l'autre pousse des femmes à se photographier. L'absence de jugement externe de la part de l'artiste emmène tout spectateur à y voir un aspect réaliste. En effet, chez Sophie Calle, tickets de train, auto-représentation de son corps pendant le voyage et autres documents sur lesquels se trouvent son vrai nom, témoignent de la vérité de son récit.

« Dire ses sentiments est une chose, parler de son corps, ou du plaisir, en est une autre, qui semble avoir été longtemps plutôt réservée aux hommes[118] », écrivent Catherine Bogaert et Philippe Lejeune. Les autrices du blog *Le corps des femmes* participent à une « prise de parole[119] » des femmes par la création intime. Les participantes engendrent la suite des journaux intimes féminins secrets et tournés vers le récit corporel, le nourrissant cette fois de réflexions actuelles. Elles se demandent comment se montrer et surtout que montrer de ce corps que beaucoup d'entre elles détestent ou martyrisent. Que vit ce corps ? Que ressent-il ? Il y a du plaisir, des sexualités, mais aussi des troubles et des traumatismes. La contrainte principale imposée par le blog est d'envoyer « une photo de [soi] (même un infime détail, même floue) ». Certains témoi-

---

[117] LATULIPPE Julie-Ann, « *Too Hard To Keep* : affect, intrigue et récit dans l'appropriation artistique de *snapshots* », dans UHL Magali, *op. cit.*, p. 211.
[118] BOGAERT Catherine, LEJEUNE Philippe, *op. cit.*, p. 173.
[119] DIDIER Béatrice, *op. cit.*, p. 39.

gnages contiennent plus d'une photo, ce qui prouve que la contrainte d'une image unique semble parfois insuffisante dans la composition d'un récit. Il est souvent plus facile de photographier que d'écrire, de montrer directement que de traduire par les mots, ce qui justifie la volonté de prioriser l'image sur le texte. Ce dernier est ici un élément qui a pour vocation d'accompagner et d'apporter des précisions sur l'image principale. Toutefois, les deux éléments peuvent être pris séparément et éloignés l'un de l'autre, le seul risque étant de perdre des éléments de récit, nous empêchant d'avoir accès à sa totalité telle qu'elle a été pensée par l'autrice. Malgré l'amateurisme des photographies, certaines d'entre elles mettent en jeu des procédés qui se recouvrent et se retrouvent mutuellement dans d'autres récits. L'analyse du traitement des corps qui composent *Le corps des femmes* se fait en fonction des catégories de thématiques proposées par le blog. Celles-ci, triées par ordre alphabétique, désignent pour certaines des parties du corps ou des choses qui lui sont ajoutées consciemment (« piercing », « tatouage »). D'autres catégories désignent des actions que fait le corps seul (« accouchement », « drogue »). Celles-ci sont opposées à des actions qui sont faites au corps par une entité extérieure (« agression », « harcèlement »).

Une analyse plastique de quelques exemples choisis permet de présenter le travail photographique de ces autrices. Nous procédons à une consultation des images isolées du reste du blog. Développant un intérêt particulier pour la matérialité du corps de ces femmes, nous constatons très rapidement une tendance à pratiquer des plans rapprochés qui perdent le corps au milieu de morceaux de peaux difficiles à identifier. Ces prises de vue empêchent d'effectuer une association directe avec une partie de corps spécifique. Parfois, nous reconnaissons bouche, bras ou jambe, mais il reste impossible de les attacher à une personne réelle dont l'identité déclarative est vérifiable. Lorsqu'elle questionne l'identité de l'internaute à travers son écran, Fanny Georges identifie la représentation de soi comme un assemblage de « signes observables à l'écran qui manifestent l'utilisateur[120] » et sa présence sur Internet. Elle écrit que l'identité déclarative de l'internaute est composée des données qu'il saisit sur son ordinateur, ce qui signifie que nom, textes et autres photographies constituent cette identité qui est absente dans le cas des participantes présentées dans *Le corps des femmes*. Dans l'article cité, Fanny Georges conclue que l'identité déclarative n'est plus nécessaire dans le cas du partage en ligne tel qu'on le connaît aujourd'hui, amenant à sa place un intérêt pour « l'identité numérique [qui] est une transposition graphique, sonore et visuelle d'une représentation en pensée façonnée par le sujet dans le matériau de l'interface[121] ». Alors, les créatrices du blog *Le corps des femmes* mettent à disposition leur identité numérique, réalisée selon des codes créés individuellement, qu'elles partagent avec d'autres. Rappelons que l'incitation générale du blog appelle à envoyer « une photo de [soi] », ce qui signifie que ces femmes choisissent consciemment de faire parvenir un cliché flou ou exagérément recadré, ce qui a pour effet de focaliser la réception sur l'identification à ce que le spectateur reconnaît à partir de sa propre expérience. Les créatrices dévoilent une part limitée du corps ; elles montrent, sans jamais montrer, le lecteur du blog suppose, sans jamais identifier. Certaines photographies sont réalisées dans l'obscurité d'une chambre plongée dans le noir, peut-être pendant la soirée ou de nuit, ce qui forme à l'image un arrière-plan noir uni. Cet effet est ren-

---

[120] GEORGES Fanny, « Représentation de soi et identité numérique. Une approche sémiotique et quantitative de l'emprise culturelle du Web 2.0 », *Réseaux*, vol. 154, n° 2, 2009, p. 168.
[121] *Ibid.*, p. 169.

forcé par l'usage ponctuel du flash de l'appareil qui illumine le sujet posé à l'avant de l'objectif et assombrit l'arrière-plan. La photographie de « Mon accident[122] » contraste le beige orangé de ce qui semble être une cheville surmontée d'une cicatrice à cet arrière-plan noir. Ce dernier est accentué dans l'image de l'article intitulé « Mémoire corporel [sic], naissance d'un déni, accouchement du bébé lointain[123] », composée d'un drapé noir qui borde le cercle de peau blanche en nuances de gris. L'opposition entre le sujet et l'arrière-plan noir rappelle le dispositif de présentation de l'œuvre *Corps étranger* de Mona Hatoum, une artiste plasticienne d'origine palestinienne vivant et travaillant à Londres. Créée en 1994, l'installation *Corps étranger* est composée de la projection d'un enregistrement vidéo de l'intérieur du corps de l'artiste, filmé à l'aide d'une caméra endoscopique et présenté au sol d'une pièce circulaire de taille réduite et plongée dans l'obscurité. La forme de la pièce où est projetée l'œuvre entraîne alors un contour circulaire noir autour de la vidéo. La plupart des images du corps de cette œuvre vidéographique ressemblent aux clichés publiés sur *Le corps des femmes*. Par exemple, les morceaux de peau, les plis et autres poils s'apparentent aux vues beiges telles que « Un histoire [sic] de tache[124] ». La première montre une tache pigmentée, d'un brun plus foncé que la carnation claire de la peau de la femme. Le pli du membre présent sur la droite laisse penser que la tache se trouve sur un avant-bras ou à l'intérieur d'une cuisse et au-dessus du genou. L'autrice de l'article le confirme à l'aide de son texte : « Elle est en haut de ma cuisse, sur l'extérieur ». La

---

[122] Voir *Le corps des femmes*, « Mon accident », article publié le 27 janvier 2014.
[123] *Ibid.*, « Mémoire corporel [sic], naissance d'un déni, accouchement du bébé lointain. », article publié le 20 janvier 2014.
[124] *Ibid.*, « Un histoire [sic] de tache », article publié le 5 septembre 2011.

dimension textuelle est toutefois absente de l'œuvre de Mona Hatoum, ce qui entraîne une perte de repères évidente de la part du spectateur. La caméra endoscopique utilisée, appartenant habituellement au registre médical, brouille la compréhension du spectateur qui est perdu au milieu des mouvements effectués par la projection, pour parcourir le corps de l'extérieur à l'intérieur.

Desa Philippi écrit que « l'impression première peut être celle d'une trahison lorsque vous entrez dans l'espace de *Corps étranger*, où ce qu'il y a de plus proche et de plus intime est exposé à la manière du plus anonyme et du plus inconnu[125] ». Cette impression de trahison a lieu lorsque le spectateur est placé au centre d'une installation qui le demande à cette place, mais il n'en retire rien de concret. Le corps est dévoilé, mis à nu, mais le spectateur conclut plutôt que les images en mouvement ne lui ont rien appris de plus sur la personne qui se dévoile. De plus, une certaine gêne peut être ressentie par le spectateur. En effet, la forme circulaire des images résultant de la vidéo s'apparente au fait de regarder à travers le judas d'une porte, qui est une ouverture « permettant de voir sans être vu[126] ». C'est bien cet effet qui est produit par *Le corps des femmes*, qui comptabilise l'évolution des visites sur son blog, mais ne dévoile jamais l'identité de l'internaute qui le visite. Les deux exemples rappellent alors une pensée formulée par Anne Cauquelin, selon laquelle le journal intime contemporain intègre une lecture nécessaire par un « voyeur licite[127] », qui sait ce qu'il regarde et dont le regard est souhaité.

---

[125] PHILIPPI Desa, « Some Body », dans *Mona Hatoum*, catalogue d'exposition, Centre Georges Pompidou, 1994, cité dans *Confidences*, catalogue de l'exposition éponyme (12.05.2001 – 15.07.2001), Luxembourg, Casino Luxembourg – Forum d'art contemporain, 2001, p. 149.
[126] Définition « Judas ». Disponible en ligne : https://www.cnrtl.fr/definition/judas, page consultée le 16/04/2021.
[127] CAUQUELIN Anne, *op. cit.*, 2003, p. 5.

« Le corps de la femme est classiquement le modèle pour les peintres hommes, mais qu'est-il pour les artistes femmes ? Que disent les artistes femmes du corps de la femme [...] que des artistes hommes ne pourraient pas dire ? Leur rapport au corps féminin ne peut être le même. Elles en donnent d'autres versions, qui correspondent à d'autres représentations du féminin[128]. »

Les représentations des corps produites par les deux exemples étudiés, de *Corps étranger* à *Le corps des femmes*, associent les femmes à leur genre à partir de leur dispositif d'exposition respectif. Le nom de l'artiste, Mona Hatoum, indique le contexte des images dévoilées, si bien que l'absence de mots n'impacte pas l'implication corporelle du spectateur ou du lecteur dans un dispositif où plusieurs de ses sens sont occupés. Voir la vidéo et entendre la respiration de Mona Hatoum, et le toucher de la souris d'ordinateur face au blog *Le corps des femmes*, attribue aux « internautes-lecteurs-regardeurs[129] » un rôle de récepteurs, qui est aussi important que le rôle de la créatrice. Par la présentation des corps fragmentés dans chaque petits détails et plans serrés, les autrices des récits intimes construisent leurs mythologies individuelles, dans le sens que soulève Magali Nachtergael en 2015, qui pense que celles-ci doivent être interprétées comme une « construction visuelle et narrative, un dispositif hétérogène utilisant image, légendes, fragments, documents, voire des reliques[130] » qui a pour objectif « d'élaborer une représentation imaginaire et imagée de l'identité personnelle[131] ». Le journal intime traditionnel est renouvelé, transformé par la mythologie individuelle, si bien que les mots ne sont plus essentiels à la réalisation d'un récit de soi. Les images

---

[128] KORFF-SAUSSE Simone, *op. cit.*, p. 142.
[129] THÉLY Nicolas, *op. cit.*, p. 155.
[130] NACHTERGAEL Magali, *op. cit.*, p. 3.
[131] *Ibid.*

fixes du blog *Le corps des femmes* lient l'identité à l'apparence de celles qui se racontent. Alors, chaque participante réalise, dix à quinze ans après, ce que Serge Tisseron remarque déjà en 2001 : l'invention de la photographie[132] et la diffusion des émissions de télé-réalité, telles que Loft Story, participent à fixer l'identité à notre époque. Les femmes artistes contemporaines appartiennent à la génération des candidats de télé-réalité, ceux qui, selon Serge Tisseron, sont les premiers à pouvoir déclarer : « tu tiens peut-être mon image, mais tu ne tiens rien de moi[133] ». Les identités sont morcelées, et leurs aspects changeants sont étudiés, explorés ici, par le biais des photographies et changements de plans de vidéos qui agissent comme des entrées courtes de journaux intimes. Un téton est présenté de côté dans une photographie en nuances de gris, tandis que la caméra parcourt celui de Mona Hatoum. Un œil regarde tristement hors-champ, quand l'usage du noir et blanc contredit la vidéo de Mona Hatoum qui montre une pupille de ses yeux noisette. Le mouvement du plan continu et la diffusion en boucle de *Corps étranger*[134] laissent la possibilité éventuelle de faire l'expérience de l'œuvre en plein milieu de sa projection. Son corps semble alors gigantesque, tant la caméra, de sa taille minuscule, parcourt des bosses, coins et replis d'un corps interminable.

L'usage des réseaux sociaux vient approfondir la pratique du journal intime numérique, qui « fonctionne ici comme une prothèse du corps qui ne s'arrête plus à la peau, et il agit comme mise en continuité du corps biolo-

---

[132] TISSERON Serge, *op. cit.*, p. 93.
[133] *Ibid.*, p. 99.
[134] Centre Pompidou, présentation de l'œuvre de Mona Hatoum, *Corps étranger*, 1994. Disponible en ligne : https://www.centrepompidou.fr/fr/ressources/oeuvre/bnhmTX0, page consultée le 17/04/2021.

gique avec d'autres corps notamment ici électroniques ou numériques[135] ». Le corps atteint d'autres corps par le biais du réseau électronique et laisse entrevoir le résultat de cet échange. Le corps des femmes est une « enveloppe[136] ». Le corps n'est pas relié à la personne qui en est à l'intérieur, c'est « le corps d'une autre[137] », mais c'est aussi le mien, « mon conflit[138] », ce qui rapproche le déterminant possessif à la femme qui habite le corps. Nous comprenons que « le rapport que les femmes entretiennent avec leur corps est donc à la fois individuel, social mais aussi politique[139] ». C'est par la création des récits intimes que les femmes se réapproprient le *male gaze*[140] réducteur et se créent, à travers un corps « parfaitement visuel et transparent[141] », des corps mis à nu, un espace d'émancipation collective par le récit de soi et la lecture de l'intimité.

2.2. L'exposition de soi soumise à des règles

Pour l'une un « énoncé[142] », pour l'autre une « commande[143] » ou encore des « questions précises[144] »,

---

[135] HOFFMANN Carole, « Les réseaux sont désormais nos miroirs », dans CHIRON Éliane, LELIÈVRE Anaïs, *op. cit.*, p. 186.
[136] *Le corps des femmes*, « Mon enveloppe », article publié le 11 novembre 2011.
[137] *Ibid.*, « Le corps d'une autre », article publié le 2 septembre 2011.
[138] *Ibid.*, « Mon corps, mon conflit », article publié le 1ᵉʳ septembre 2011.
[139] ARNOULT Audrey, « https://le-corps-des-femmes.com : un espace virtuel où les femmes atteintes de troubles alimentaires racontent leur corps », *Corps*, n° 18, 2020, p. 105.
[140] En français, le *male gaze* désigne le « regard masculin ». Voir MULVEY Laura, « Visual pleasure and narrative cinema », *Screen*, n° 16, 1975, p. 6-18 ou, plus récemment, BREY Iris, *Le Regard féminin. Une révolution à l'écran*, Paris, Éditions de l'Olivier, 2020.
[141] PHILIPPI Desa, *op. cit.*, p. 149.
[142] CAUQUELIN Anne, art. cit., p. 23.
[143] LAURANS-GOURVENEC Stéphanie, « Lorsqu'écrire nous construit. D'une écriture contrainte à l'écriture de soi », *Vie sociale*, n° 9, 2015, p. 94.

l'imaginaire commun associe la contrainte à une idée de limite. Par définition, la contrainte est une « gêne où l'on est quand on est trop serré dans […] tout ce qui met trop à l'étroit […] un état de domination exercé par les circonstances sur une personne en la mettant dans la nécessité d'agir malgré soi […] [et un] effort accompli volontairement sur soi pour modifier un sentiment, un comportement[145] ». Par association, les règles désignent, tant dans le champ littéraire que le champ artistique, des « conseils à suivre pour obtenir l'effet qu'on se propose de produire, [une] prescription […], [une] référence modèle […] [et une] méthode[146] ». Pour Philippe Lejeune et à l'occasion d'un appel au témoignage dédié au journal personnel publié dans le *Magazine littéraire* en avril 1998, les « questions précises rassurent, permettent de s'exprimer plus librement, plus longuement[147] ». Ces deux pensées se réfèrent à la création littéraire, que nous pensons du même registre que la création plastique. La page blanche qui tourmente son auteur peut aller d'un écrivain au dessinateur, au peintre ou au photographe. Si la contrainte passe pour une limite, semble restreindre le récit pour, à terme, le censurer, alors pourquoi défendons-nous son intérêt ? Dans le livre *L'écriture-femme*, Béatrice Didier décrit l'histoire de la censure extérieure qui pèse sur les femmes. Auparavant limitées à utiliser un pseudonyme masculin afin d'espérer avoir le droit de publier des livres[148], mais aussi contraintes à travailler dans l'atelier de peinture de leur père ou de leur frère, comme la célèbre Artemisia

---

[144] LEJEUNE Philippe, « *Cher cahier...* ». *Témoignages sur le journal personnel*, Paris, Gallimard, 1989, p. 19.
[145] Définition « Contrainte ». Disponible en ligne :
https://www.cnrtl.fr/definition/contrainte, page consultée le 21/04//2021.
[146] Définition « Règles ». Disponible en ligne :
https://www.cnrtl.fr/definition/r%C3%A8gles, page consultée le 21/04/2021.
[147] LEJEUNE Philippe, « *Cher cahier...* », *op. cit.*, 1989, p. 19.
[148] DIDIER Béatrice, *op. cit.*, p. 15.

Gentileschi, la création féminine est nourrie par une culpabilité construite sur une impression d'utiliser un « temps volé à l'homme et à l'enfant[149] ». Du côté de Sylvie Ducas, qui étudie l'autocensure littéraire, nous retrouvons le cas de la « censure du genre [...], le refus de l'appartenance sexuelle manifesté par des femmes pour qui l'écriture ne peut être assimilée à l'identité sexuelle[150] ». C'est notamment cette utilisation de pseudonymes par les femmes, qui témoigne de l'une des premières formes d'autocensure féminine. Qu'en est-il de la « contrainte des stéréotypes masculins qui empêchent la femme de dire ce qu'elle seule peut dire[151] » ? Pour répondre à cette question, citons par exemple le travail de Simone Korff-Sausse, qui reconnaît que les artistes contemporaines ont tendance à monopoliser les « nouveaux moyens créatifs[152] », pour ainsi multiplier la création de performances, vidéos, photographies, etc. « S'empareraient-elles plus facilement de ces moyens nouveaux parce que c'est un terrain en friche, pas encore occupé par les hommes, s'offrant à leur désir de création sans y trouver une inhibition censurante[153] » ? En quoi peut-on dire que le récit intime féminin contemporain porte la trace d'une émancipation des autrices hors de la censure du masculin, préférant se tourner vers une autocensure qui leur garantit un placement consenti de leurs limites ? Aussi, la contrainte dans l'art contemporain féminin est souvent liée à l'instauration de rituels et de protocoles. La pratique du journal intime est déjà une forme d'écriture de nature ritualisée, qui témoigne de l'inclusion

---

[149] *Ibid.*, p. 16.
[150] DUCAS Sylvie, « Censure et autocensure de l'écrivain », *Ethnologie française*, n° 36, n° 1, 2006, p. 114.
[151] DIDIER Béatrice, *op. cit.*, p. 22.
[152] KORFF-SAUSSE Simone, *op. cit.*, p. 140.
[153] *Ibid.*

des femmes dans une création qui répond à certaines règles formelles plutôt que de contenu. Certaines entretiennent leur journal intime jour après jour, le font à une certaine heure, à tel endroit, avec un certain outil... Il s'agit alors d'envisager, dans cette partie, la création féminine en fonction de son lien avec l'art protocolaire, dans le but d'expliquer quels sont les enjeux de l'autocensure au cœur de l'exposition artistique de soi.

> « Le jour de mon anniversaire je crains d'être oubliée. Dans le but de me délivrer de cette inquiétude, j'ai pris en 1980 la décision d'inviter tous les ans, le 9 octobre si possible, un nombre de convives équivalant à mon nombre d'années. Parmi eux, un inconnu que l'un des invités serait chargé de choisir. Je n'ai pas utilisé les cadeaux reçus à ces occasions. Je les ai conservés, afin de garder à portée de main les preuves d'affection qu'ils constituaient. En 1993, à l'âge de 40 ans, j'ai mis fin à ce rituel[154]. »

De 1980 à 1993, Sophie Calle suit *Le rituel d'anniversaire*. Cette œuvre est publiée en 1998 sous forme d'un livre qui en retrace l'intégralité, dans *Le rituel d'anniversaire*, livre II du recueil Doubles Jeux publié aux éditions Actes Sud. En préface à ce livre, Sophie Calle précise qu'il s'agit d'une des « nombreuses façons de mêler la fiction à la réalité, ou comment tenter de devenir un personnage de roman[155] ». Elle présente l'origine de plusieurs rituels auxquels elle s'adonne ; « la suite vénitienne, la garde-robe, le strip-tease, la filature, l'hôtel, le carnet d'adresses, le rituel d'anniversaire[156] » sont enclenchés par l'écrivain Paul Auster, qui se sert de la vie de Sophie Calle comme support d'invention du personnage de Maria, tirée de son roman intitulé *Léviathan*. Au sujet de la nature de

---

[154] CALLE Sophie, *Le rituel d'anniversaire*, Arles, Actes Sud, 1998, p. 11.
[155] *Ibid.*, p. 7.
[156] *Ibid.*

ses rituels, Sophie Calle déclare : « ma mère et moi on faisait des enterrements, très sophistiqués, pour mes poissons rouges, pour mes chats, avec des chants, avec un petit défilé dans la maison, j'ai été assez vite bercée par des rituels de notre invention[157] ».

> « J'appellerai ici "autobiographie" tout texte régi par un pacte autobiographique : l'auteur s'engage à tenir sur lui-même un discours véridique. Un autobiographe, ce n'est pas quelqu'un qui dit la vérité sur lui-même, mais quelqu'un qui dit qu'il la dit. On peut penser qu'un tel engagement est chimérique. On peut aussi penser qu'il constitue une contrainte assez forte : on doit éviter toute affabulation, tout mensonge. Mais je donnerai au mot contrainte un sens plus précis. [...] J'appellerai ici "contrainte" une règle de production du texte, formelle ou autre, que l'auteur décide personnellement d'ajouter aux règles habituelles du genre de texte qu'il a choisi d'écrire[158]. »

Spécialiste de l'autobiographie et du journal intime, Philippe Lejeune contribue grandement au développement des études littéraires contemporaines. Véronique Montémont, dans « Le pacte autobiographique et la photographie », reconnaît son impact, qui participe à la reconnaissance de l'autobiographie comme un genre littéraire[159]. Le pacte autobiographique, tel que Philippe Lejeune le soulève dans la citation précédente, est un « contrat » que passe l'auteur avec son lecteur. Il s'agit alors d'appuyer

---

[157] FIORILE Thierry, « Culture d'info. Sophie Calle : "En créant des rituels, je mets à distance des périodes douloureuses de ma vie, je joue avec" », *franceinfo*, 2019. Disponible en ligne : https://www.francetvinfo.fr/replay-radio/culture-d-info/culture-d-info-sophie-calle-en-creant-des-rituels-je-mets-a-distance-des-periodes-douloureuses-de-ma-vie-je-joue-avec_3744953.html, page consultée le 21/04/2021.

[158] LEJEUNE Philippe, « Autobiographie et contrainte », dans CAHEN G. (dir.), *op. cit.*, 1995, p. 186.

[159] MONTÉMONT Véronique, « Le pacte autobiographique et la photographie », *Le Français aujourd'hui*, vol. 2, n° 161, 2008, p. 43.

« la question de l'identité entre l'auteur, le narrateur et le personnage[160] » qui doivent être clairement délimités, afin de permettre au lecteur de valider son « exigence de véridicité[161] ». Alors, si l'auteur d'une autobiographie n'est pas quelqu'un qui dit la vérité pure, mais est quelqu'un qui « dit qu'il la dit », peut-on remettre en cause une éventuelle mise en scène fictionnelle au sujet du *Rituel d'anniversaire* de Sophie Calle ? Cette dernière est-elle une menteuse, une affabulatrice ? Par définition, le rituel désigne ce qui est « réglé comme par un rite, organisé d'une manière obligatoire et précise [...] Selon une pratique habituelle[162] ». Pour instaurer ce rituel, Sophie Calle décide d'un protocole, ce qui est une « instruction précise et détaillée mentionnant toutes les opérations à effectuer dans un certain ordre ainsi que les principes fondamentaux à respecter pour exécuter une opération[163] ». Un protocole artistique désigne donc une série de consignes – règles, contraintes – mises en place par l'artiste, respectant un certain nombre d'objectifs. Le protocole repose parfois sur une liste de matériaux particuliers, nécessaires pour le mener à bien. Dans le cas de l'œuvre présentée, il s'agit d'inviter, à l'occasion de l'anniversaire de Sophie Calle, un nombre de convives correspondant à son âge. En 1980, elle invite vingt-sept personnes. Chaque année, une personne inconnue de l'artiste, qui provient des relations d'un de ses amis, est invitée. Chaque personne est appelée à offrir un cadeau à l'artiste, qui le documente et l'archive dans de grandes vitrines en verre. À travers *Le rituel d'anniversaire*, deux rituels se superposent : en premier, le

---

[160] *Ibid.*
[161] *Ibid.*
[162] Définition « Rituel ». Disponible en ligne : https://cnrtl.fr/definition/rituel, page consultée le 21/04/2021.
[163] Définition « Protocole ». Disponible en ligne : https://cnrtl.fr/definition/protocole, page consultée le 21/04/2021.

passage du temps et le rituel de fête d'anniversaire qui revient une fois par an et, en second, le protocole de documentation et d'archivage de chaque cadeau reçu lors de la fête. Le livre qui reprend la composition de l'œuvre est délimité en treize parties numérotées selon l'année de chaque fête. La publication sous forme de livre permet de mettre l'accent sur la forme plastique des contraintes que s'impose l'artiste. En effet, à gauche, se trouve une image de chaque vitrine ouverte, tandis qu'à droite, le compte-rendu est rédigé. En haut de la page de droite est inscrite l'année, suivie de tirets cadratins qui listent les cadeaux reçus. Le type d'organisation de la liste choisi n'est pas précisé. Nous remarquons tout de même qu'il ne s'agit pas de l'ordre d'apparition des objets sur l'image, ni d'un ordre alphabétique. Les descriptions des cadeaux sont peu précises : par exemple, une « nappe en papier Disney Productions[164] » et un « sac à main en argent et cuivre[165] » sont offerts à l'artiste en 1980. Le texte est insuffisant en l'absence du visuel de la vitrine, celui-ci offrant des précisions sur les couleurs, dimensions et formes des objets, qui ne sont pas indiquées dans la liste. Cette dernière est suivie d'un paragraphe dédié aux « remarques » de l'artiste. La liste de la première année du rituel, en 1980, nous apprend que Sophie Calle reçoit un « télégramme : Impossible venir..., signé Jean-Marc Bustamente ». Ses remarques précisent alors qu'« un seul des vingt-sept invités ne s'est pas présenté[166] », ce qui nous laisse comprendre que l'absent est à l'origine du télégramme.

Les treize vitrines sont toutes assemblées selon le même mode de présentation, ainsi saturées d'objets qui recouvrent tous les coins des étagères. Nous constatons que les étagères se remplissent visuellement à travers les

---

[164] CALLE Sophie, *op. cit.*, p. 15
[165] *Ibid.*
[166] *Ibid.*

années, en même temps que l'artiste prend de l'âge, à l'exception des quelques années où le repas n'a pas lieu en raison d'empêchements particuliers (en 1982, 1987, 1989 et 1911). Ces quelques écarts témoignent de la fluidité des contraintes que l'artiste dompte en fonction de ses choix personnels. Le livre présente des photographies de toutes les vitrines avec les portes ouvertes. Ces portes sont néanmoins habituellement fermées lorsqu'elles sont exposées dans une institution muséale. Qu'il s'agisse de l'un ou de l'autre type de présentation, le regard du spectateur n'est jamais vraiment empêché, étant donné l'usage de plaques en verre transparent. Le spectateur a un accès visuel de l'installation, sans jamais pouvoir y toucher. Sophie Calle s'auto-représente indirectement par le biais d'objets liés à sa vraie vie ; *Le rituel d'anniversaire* démontre en quoi, « tout comme dans le cas de l'autobiographie, il n'est pas nécessaire que le sujet soit au centre de l'image ou de sa description, qui peut représenter sa famille, ses amis, des lieux ou des objets symboliques[167] ». L'artiste va à l'encontre d'une éventuelle insatisfaction du spectateur qui ne peut malheureusement pas manipuler les objets présentés, par l'ajout de détails précis dans les listes d'objets. C'est notamment le cas en 1983, lorsqu'elle indique avoir reçu une lettre de la part de sa grand-mère, qui contient les mots suivants : « Cannes, le 4/10/83. Sophie chérie, je te souhaite un heureux anniversaire. J'ai compris qu'il ne faut plus que je te parle du mariage mais si tu trouves un bon compagnon pour ne pas être toujours seule je serais contente. Je t'embrasse bien et en te souhaitant une bonne santé, je te mets un petit chèque pour aller au cinéma[168] ». La présence d'éléments liés à la sphère familiale renforce le sens de l'intimité qui

---

[167] MONTÉMONT Véronique, art. cit., p. 48.
[168] CALLE Sophie, *op. cit.*, p. 27.

ressort de l'œuvre complète. Si, comme l'écrit Philippe Lejeune, « la contrainte s'exerce toujours dans un champ de fiction[169] », alors Sophie Calle « n'est dès lors plus un[e] fabricant[e] de signes, mais un[e] manipula[trice] de matériaux sémiotiques tout faits[170] ». Cela signifie qu'elle intègre nécessairement une dimension fictionnelle à son œuvre, qui se manifeste dans la manière de présenter son dispositif d'accrochage neutre. L'espace des remarques est aussi l'occasion pour Sophie Calle d'ajouter des éléments divers, raconter des anecdotes ou préciser ses besoins, comme en 1984, lorsqu'elle entame une boîte de chocolats, en 1985, elle abîme une paire de bottines ou en 1987, elle utilise un magnétoscope. Philippe Lejeune écrit : « un texte autobiographique doit être sérieux et motivé. Il vise avant tout la vraisemblance et la transparence. Il ne doit pas obéir à d'autres règles que celles qui contribuent à la conformité à la réalité dont il parle. Tout travail, ou contrainte formelle (ou autre), inspire des soupçons sur sa véridicité[171] ». Pour contrer l'effet de fiction, Sophie Calle précise à plusieurs reprises qu'elle n'a pas « pu résister à la tentation » d'utiliser certains objets. En ce sens, « la contrainte peut aider à lever les censures[172] », le rituel orientant ainsi l'œuvre de Sophie Calle vers l'aveu de la désobéissance aux contraintes qu'elle s'est pourtant imposée, construisant une vérité soignée jusqu'aux détails du texte.

> « Lorsque le sujet de l'autobiographie est aussi celui de la photographie d'enfance, l'écrivain se trouve dans une situation intéressante ; il peut établir un contact visuel concret, avec une image de lui, et par là même une apparence, une époque de sa vie, qui ont disparu. Non seulement ce temps

---

[169] LEJEUNE Philippe, art. cit., 1995, p. 188.
[170] BÉNICHOU Anne, op. cit., p. 22.
[171] LEJEUNE Philippe, art. cit., p. 189.
[172] Ibid.

n'est plus mais, bien souvent, il a été oublié. La photographie est donc beaucoup plus qu'une illustration : médiation de soi à soi, elle reconstruit, véritablement, un monde[173]. »

Pour composer une autobiographie, il faut que les identités d'auteur, de narrateur et de personnage soient présentes et distinctes dans un récit[174]. Véronique Montémont relève les difficultés d'intégrer ces trois identités dans un ouvrage photographique. Elle reconnaît la nécessité d'ajouter à l'image, un texte – légende, commentaire, etc. – qui lui permet de « s'autodésigner par un acte de langage[175] » ; nous pensons que cela s'applique par extension aux listes répertoriant les caractéristiques précises des objets présentés par Sophie Calle. Prenant l'exemple de la photographie d'enfance, Véronique Montémont aborde, dans la citation précédente, le cas d'une autobiographie photographique. Dans le registre de la photographie de famille se trouve l'œuvre *Leaving and Waving* (« Partant et saluant ») réalisée par Deanna Dikeman entre 1991 et 2017. Durant ces années, la photographe américaine rend régulièrement visite à ses parents domiciliés dans une maison à Sioux City, ville située dans l'État de l'Iowa. Un appareil instantané dans la main, elle commence à photographier chacun de ses départs pendant lesquels ses parents la saluent dans l'allée de leur maison, alors qu'elle s'apprête à rentrer chez elle en voiture. Deanna Dikeman précise qu'elle n'a « jamais voulu faire cette série. [Elle a] juste pris ces photos pour gérer la tristesse de chaque départ. Cela s'est progressivement transformé en [leur] rituel d'adieu. Il [lui] semblait naturel d'occuper l'appareil photo, car [elle] avai[t] pris des photos tous les jours pendant

---

[173] MONTÉMONT Véronique, art. cit., p. 46.
[174] LEJEUNE Philippe, *Le pacte autobiographique* (nouvelle éd.), Paris, Seuil, [1975] 1996, p. 15.
[175] MONTÉMONT Véronique, art. cit. p. 47.

qu'[elle] étai[t] là-bas[176] ». En effet, Deanna Dikeman est photographe professionnelle depuis 1985, année pendant laquelle elle décide de quitter son emploi en entreprise pour suivre des cours de photographie[177]. Elle précise que la série de photographies *Leaving and Waving* fait partie d'une autre série appelée *Relative Moments* dans lesquels elle photographie toute sa famille à partir de 1986. *Leaving and Waving* offre une série fournie d'une grande quantité de photographies. Celles-ci appartiennent très largement au registre amateur car elles ne sont d'abord pas destinées à être une œuvre exposée au moment même où elles sont créées. Toutefois, à y regarder de plus près, nous remarquons que chaque cliché répond à une construction spécifique. Nous remarquons que les photographies alternent entre un traitement en nuances de gris et d'autres images en couleur. Ces dernières montrent des couleurs très vives, allant du rose des vêtements de la mère à travers le temps, à la nuance rouge sombre des murs extérieurs de la maison des parents. La photographie de Deanna Dikeman matérialise le passage du temps, les changements qui l'accompagnent, ainsi que les récurrences à travers les années. Par exemple, en 1995, 2000 et 2004, le père et la mère de l'artiste occupent la même pose, portent des vêtements et coiffures presque identiques et gardent les mêmes expressions faciales, de même que le cadrage et la prise de vue en noir et blanc restent très proches.

    Les clichés montrent les changements météorologiques et l'artiste capture des scènes ensoleillées, pluvieuses et pendant la nuit, ou à la suite d'une tempête de neige. C'est en 2009 que Deanna Dikeman capture le dernier au revoir

---

[176] Traduction personnelle. Voir le site officiel de l'artiste. Disponible en ligne : https://deannadikeman.com/leaving-and-waving, page consultée le 21/04/2021.
[177] Voir le site officiel de l'artiste. Disponible en ligne : https://deannadikeman.com/about, page consultée le 21/04/2021.

que lui adresse son père. En effet, elle précise qu'il décède quelques jours après l'anniversaire de ses quatre-vingt-onze ans[178]. Le rituel ne s'achève pas pour autant : la mère continue de saluer sa fille dans l'allée du garage de sa grande maison, la main levée quasiment automatiquement et le sourire disparaissant peu à peu. Le fils adolescent de l'artiste se retrouve sur les photographies et accompagne sa grand-mère seule en 2017. Ensuite, elle salue la photographe une dernière fois devant sa maison, toujours en 2017, avant de déménager pour une maison de repos. Le rituel continue et la mère de Deanna Dikeman est photographiée pour la dernière fois, vêtue d'un chandail jaune, en compagnie de son petit-fils qui la tient par l'épaule. L'artiste ajoute qu'elle décède en octobre 2017. Enfin, elle clôt le rituel après les funérailles de sa mère. Passant devant la maison, elle photographie le garage, habituellement toujours ouvert, qui est cette fois-ci fermé. Dans un texte accompagnant l'œuvre, Deanna Dikeman écrit : « J'ai pris une autre photo de l'allée vide. Pour la première fois de ma vie, personne ne m'a répondu[179] ». Cette série, en plus d'être publiée sous forme de livre imprimé, est exposée notamment en 2018 à Kansas City. Dans son contexte muséal, l'installation est nommée *90 Goodbyes* (« 90 Adieux »), ce qui correspond au nombre d'images présentées. Le protocole artistique est accroché de façon très simple. Sur trois rangées présentées horizontalement et sur deux murs clairs assemblés en coin, les images sont triées dans un ordre chronologique allant de gauche à droite. Cet effet fait penser à une frise chronologique historique, retraçant ici l'histoire partielle de la famille Dikeman à partir du point de vue de la photographe, sur une période allant de l'année 1991 et jusqu'en 2017. Les orientations des

---

[178] *Ibid.*
[179] Traduction personnelle. *Ibid.*

photographies alternent aléatoirement, montrant un cliché tantôt vertical, tantôt horizontal. Dans des cadres clairs, tout comme le mur de fond, l'attention est portée vers le contenu photographié. La première et la dernière image bordent le reste de la frise. Celles-ci sont présentées dans un plus grand format, toutes deux en couleurs, comme pour insister sur un point de départ et de fin facilement repérables d'un aspect scénographique. Il n'y a nullement besoin de s'approcher de l'entièreté de l'installation pour comprendre qu'il s'agit d'une comparaison « avant/après ». Les images montrent la maison qui n'a pas changé en 2017, à l'exception des deux parents qui occupent l'allée et l'herbe en 1991, les deux images semblant prises à quelques secondes de différence, alors que vingt-sept ans les séparent réellement. La « distance entre le palier de la maison et le trottoir où est garée la voiture [est] un lieu sacré[180] », si bien que la série complète retrace la force des échanges entre parents et fille introduits par le rituel qu'a imposé l'artiste à sa famille.

> « Les artistes ont développé au cours des dernières décennies des formes très diverses de documentation. Ils privilégient les médiums d'enregistrement, tels la photographie, le film et la vidéo, mais adoptent souvent des formes hybrides associant, par exemple, des images et du texte, intégrant parfois des fragments d'œuvre, le tout présenté selon des formats tout aussi variés : des boîtes ou des vitrines de documents, des livres, des cédéroms, des sites Internet, etc. Le statut de ces documents est toutefois complexe, car les artistes les considèrent parfois comme des œuvres à part entière ou les recyclent en matériaux artistiques pour des œuvres ulté-

---

[180] LANOT Lise, « Pendant 27 ans, Deanna Dikeman a photographié ses adieux à ses parents », *Konbini arts*, 2021. Disponible en ligne : https://arts.konbini.com/photo/pendant-27-ans-deanna-dikeman-a-photographie-ses-adieux-a-ses-parents/, page consultée le 21/04/2021.

rieures. On assiste à une confusion volontaire de la documentation et de l'œuvre[181]. »

Les œuvres étudiées ici, *Le rituel d'anniversaire* et *Leaving and Waving*, usent du document comme d'un souvenir en trace d'un événement d'une vie passée, mais aussi comme matériau de création. Les documents que Sophie Calle et Deanna Dikeman produisent, toutes deux artistes séparées l'une de l'autre du point de vue de leur contexte spatio-temporel, sont en lien à la pratique de l'art protocolaire. Leurs créations répondent alors à plusieurs règles ou contraintes qu'elles s'imposent personnellement, suivant une ligne de récit préétablie et ne partant pas dans des extrêmes qui pourraient alors être considérés hors sujets. Ces règles conduisent à une forme plus ou moins développée d'autocensure, les femmes artistes choisissant et incarnant leurs limites intimes. Il ne s'agit pas de réfléchir à la possible véracité du récit dévoilé devant nous ; plutôt, il existe une tendance dans le récit intime qui est l'autofiction. Celle-ci se retrouve dans le cas de ces quelques artistes, créant un « récit dont la matière est entièrement autobiographique, la manière entièrement fictionnelle[182] ». En d'autres termes, la manière désigne ainsi la façon d'écrire, de photographier ou d'agencer le récit de soi, composé de cette matière autobiographique qui devient fictionnelle à partir de son travail plastique.

> « On peut penser que l'image accompagnant un récit agit comme un document, elle atteste la vérité de l'écrit. "C'était bien moi, c'était bien là, voici la preuve". Dans ce cas le récit s'adjoint une assistance : l'image – témoin qui renforce la validité du texte et sa crédibilité, même s'il est permis de douter de l'authenticité des images montrées [...] – c'est là l'attitude habituelle d'un lecteur de fiction : croire sans

---

[181] BÉNICHOU Anne, *op. cit.*, p. 12.
[182] GRELL Isabelle, *L'autofiction*, Paris, Armand Colin, 2014, p. 16.

croire. [...] L'image y est considérée comme un degré supplémentaire dans la recherche de la vérité pour autrui[183]. »

En ce sens, le récit intime est composé de choses qu'on regarde – photographies, documents, objets – et le texte passe en second plan ; il est parfois considéré en tant qu'indications supplémentaires sur ce que le visuel montre, et d'autres fois il est entièrement oublié. Il est question de mythologies personnelles, que l'autrice Isabelle de Maison Rouge définit comme étant la posture d'un artiste qui « collecte et accumule des objets qui parlent de lui et racontent son histoire. À l'aide de fictions ou de documentaires, il bâtit ses mythologies personnelles et nous les livre sans pudeur[184] ». Face au récit intime, le spectateur part à la recherche du vrai et du faux. La complémentarité duelle entre matière véritable et manière à première vue fausse est ce qui fait fonctionner la lecture des récits, au sens où la contrainte de l'autocensure, en plus d'offrir à la femme artiste une sensation de contrôle de soi et de son intimité, déploie également son identité. La mise à nu créative de ces réalités, qu'elles soient imparfaites ou banales, produit un appel au récit à ces autres femmes qui, souvent, ont pour attitude habituelle de regarder sans créer.

---

[183] CAUQUELIN Anne, art. cit., p. 24.
[184] DE MAISON ROUGE Isabelle, *op. cit.*, p. 6.

CHAPITRE 2

Des lectures réciproques des récits intimes d'artiste à spectatrice

1. S'adresser à autrui par la participation à la création

1.1. La nature du désir d'exposition de soi à l'autre

Les années 1990 et 2000 prennent part à la fixation d'un vif intérêt déjà entamé, du peuple pour les émissions de télé-réalité. En France, nombreux en sont friands et regardent quotidiennement des programmes télévisés tels que Loft Story, Secret Story ou encore Star Academy. Avant les années 2000, la dimension de partage de l'intimité se fait notamment à travers la radio et la télévision, dans lesquelles des personnalités ordinaires sont invitées, filmées et enregistrées pour parler de leur condition humaine[185]. Cela pousse certains théoriciens à étudier les effets de réception du concept de télé-réalité auprès des téléspectateurs. En 2001, Serge Tisseron décrypte Loft

---

[185] Par exemple, à partir de l'année 1985, l'émission télévisée belge *Strip-tease* reprend, sur la base du documentaire, le concept d'effeuillage, comme l'indique le titre, de la vie privée d'inconnus et filme directement leur domicile personnel. L'émission aborde principalement des sujets de société en lien avec l'époque de sa diffusion, comme la confrontation au monde du numérique.

Story, émission française diffusée sur M6 pendant deux saisons entre 2001 et 2002. Il compose l'ouvrage *L'intimité surexposée*, dans lequel il évoque l'importance de l'émission dans le changement des mœurs françaises. Il identifie notamment un changement dans les relations familiales que Loft Story vient accentuer, poussant les enfants et adolescents à questionner ce qu'ils voient et trouver les réponses auprès de leurs frères, sœurs ou parents, eux aussi téléspectateurs de l'émission[186]. Les règles de Loft Story, décalquées sur celles de l'émission anglaise Big Brother, sont simples : une sélection de personnalités totalement inconnues, autant entre elles que des téléspectateurs, rejoint un grand loft. Pendant plusieurs mois, ces inconnus doivent partager cette même habitation, et vivre en colocation avec des personnes choisies par la production de l'émission. Des caméras sont placées à plusieurs endroits, afin de filmer l'intégralité des faits et gestes des participants. Certaines critiques rabaissent la fidélité des adorateurs de l'émission, reprochant à celle-ci de populariser une forme d'exhibitionnisme. Dans *L'intimité surexposée*, Serge Tisseron soulève l'idée d'une fierté ressentie par les candidats du loft[187]. Enfin célèbres, ceux-ci peuvent dire « regardez-moi, je passe à la télé » sans être à l'origine d'une invention révolutionnaire. En effet, les participants sont ici des pions qui permettent d'animer le jeu adapté par la société de production française Endemol. Cette dernière est à l'origine de mises en scènes spécifiques, comme dans le cas de l'arrivée des candidats au loft, qui sont présentés comme des célébrités sortant de limousines[188]. Rappelons qu'il n'en est pourtant rien de tel, dans le sens où les candidats présentés au public parti-

---

[186] TISSERON Serge, *op. cit.*, p. 15.
[187] *Ibid.*, p. 16.
[188] VIOT François, PELLERIN Marc, *M6 Story : la saga de la chaîne en trop*, Paris, Flammarion, 2012, p. 107.

cipent à une représentation de personnages « types » de la société française de l'époque. Ces participants ont des personnalités amplifiées afin d'accentuer le pouvoir d'identification de chaque téléspectateur. C'est notamment le cas de Loana, jeune femme appelée à jouer de ses attributs féminins, passant pour une poupée Barbie aux yeux de tous, qui gagne la première saison de l'émission. Beaucoup se souviennent d'elle comme d'une femme à l'origine d'une scène d'amour partagée avec un autre candidat, Jean-Edouard, dans la piscine de la maison. Loana, associée à une image superficielle et misogyne d'une femme blonde et simple d'esprit, marque les esprits de celles et ceux qui, choqués d'assister à une scène d'amour en différé à la télévision, associent le plaisir revendiqué de cette femme à un tabou. Serge Tisseron explique déjà le point de vue des détracteurs de l'émission, qui pensent que ses fanatiques nourrissent un « voyeurisme glauque [...] et un abrutissement généralisé[189] » de la population française. C'est une position critiquable, contre laquelle Serge Tisseron se dresse également en théorisant sa pensée de l'extimité. Celle-ci désigne un « mouvement qui pousse chacun à mettre en avant une partie de sa vie intime, autant physique que psychique[190] ». L'extimité naît alors de ces candidats de télé-réalités acceptant d'offrir leur nom, image et ressentis au monde de la télévision. Cela pousse les individus à réévaluer leurs propres limites intimes, chacun intégrant une nécessité de partage de soi à autrui par le biais du désir d'extimité, veillant à un bon fonctionnement des relations humaines.

« Hommes et femmes sans qualités, ils ne brillent ni par leurs conversations ni par leurs actions. C'est même en rai-

---

[189] TISSERON Serge, *op. cit.*, p. 17.
[190] Le concept est déjà présenté dans l'introduction du présent livre. *Ibid.*, p. 52.

son de leur manque d'originalité, de leur capacité à ressembler à leurs spectateurs, qu'ils sont là, à la merci de leurs regards. [...] Au fil des ans, nous sommes habitués à cette histoire cent fois rejouée, ici ou ailleurs, de *Big Brother*. Cependant, chacun garde encore en tête à quel point ce spectacle du banal, proclamé haut et fort par ses producteurs, fit scandale, divisant les intellectuels, les artistes et les politiques de tous les pays. *Télé-poubelle*, *Trash TV*, exhibitionnisme, voyeurisme, vulgarité ! Comment la télévision pourrait-elle tomber si bas[191] ? »

Le sémiologue français François Jost rejoint ici la pensée amorcée avant la sienne par le psychiatre Serge Tisseron. Ici, le « héros contemporain[192] », ce « héros de la banalité[193] » qu'est le candidat de télé-réalité, supposément pervers et exhibitionniste, contribue au succès de la « télé-poubelle » tant remise en question. Pour Serge Tisseron, l'émission de télé-réalité Loft Story contribue à faire évoluer plusieurs « faits culturels majeurs[194] ». Il remarque que « l'apparence correspond de plus en plus à une mise en scène et de moins en moins à un "reflet de l'identité"[195] ». Il admet que les générations naissant dans un monde ayant toujours connu l'existence des télé-réalités, préfèrent valoriser « des figures héroïques quotidiennes, voire anonymes[196] ». Loft Story insiste également sur une mixité amenée par les luttes dirigées par les femmes, qui présentent une « rivalité[197] » entre femmes et hommes qui se développent différemment, l'un face à l'autre, à l'écran de télévision. Enfin, Serge Tisseron ter-

---

[191] JOST François, *Le culte du banal : De Duchamp à la télé-réalité*, Paris, CNRS Éditions, [2007] 2013, p. 5.
[192] TISSERON Serge, *op. cit.*, p. 111.
[193] *Ibid.*, p. 101.
[194] *Ibid.*, p. 169.
[195] *Ibid.*
[196] *Ibid.*, p. 170.
[197] *Ibid.*

mine en déclarant que les individus commencent à « guetter chez autrui une sorte de miroir qui leur restitue non pas ce qui serait "leur identité", mais plus simplement une facette d'eux-mêmes[198] ». En effet, en montrant des éléments de vie quotidienne appartenant généralement à la sphère privée, les émissions de télé-réalité actualisent la pensée selon laquelle le journal intime contemporain prend en compte une lecture future de son contenu. Loft Story incarne le rôle d'un journal vidéographique suivant la vie quotidienne d'un certain nombre de personnes et appelle à la présence de ce « voyeur licite[199] » précédemment évoqué, un lecteur demandé et nécessaire, tout comme d'un téléspectateur requis pour témoigner de la qualité du contenu filmé. Selon Serge Tisseron, les pratiques telles que le « témoignage, la confidence des expériences personnelles et la mise en scène des divers aspects de soi[200] » sont toutes des manières de faire apparaître le désir d'extimité, à la seule condition de trouver une écoute extérieure incarnée par autrui. Les femmes artistes contemporaines font part de ce désir d'extimité à leurs spectateurs. Certaines vont parfois plus loin en proposant la mise en pratique du désir d'extimité de ses spectateurs, quelle que soit leur expression de genre. L'idée derrière cela est de pousser des personnalités inconnues du grand public à la confidence, au sens d'une « confiance intime […], [une] communication particulière le plus souvent orale que l'on donne ou que l'on reçoit sous le sceau du secret[201] », ou à la confession, qui est un « aveu qu'une personne fait d'un acte blâmable qu'elle a commis[202] ». Dans les deux cas,

---

[198] *Ibid.*, p. 171.
[199] CAUQUELIN Anne, *op. cit.*, p. 5.
[200] TISSERON Serge, *op. cit.*, p. 171.
[201] Définition « Confidence ». Disponible en ligne : https://www.cnrtl.fr/definition/confidence, page consultée le 29/04/2021.
[202] Définition « Confession ». Disponible en ligne : https://www.cnrtl.fr/definition/confession, page consultée le 29/04/2021.

ces artistes ordonnent la création d'un art participatif qui ne s'active qu'à la condition de recevoir des contributions extérieures répondant à une consigne préétablie. L'utilisation du principe de l'appel à participation amène les artistes à publier les informations récoltées et ce, souvent sans précisions supplémentaires concernant l'identité de la personne qui se raconte. Gillian Wearing, artiste photographe et vidéaste britannique, utilise le principe de l'art participatif pour pousser une altérité anonyme à former des confessions intimes. En 1994, elle réalise la vidéo *Confess all in video. Don't worry you will be in disguise. Intrigued? Call Gillian.* Cette vidéo, comme beaucoup d'autres de l'artiste, sont « articulées autour de la révélation de quelque chose d'intime ou de caché [et] convoquent explicitement le modèle télévisuel des récits sur soi[203] ». Elle est rendue possible grâce à un appel à participation diffusé sous forme de publicité dans le magazine *Time Out* dans le courant de la même année de réalisation de l'œuvre. L'incitation proposée par Gillian Wearing se retrouve dans le titre final de l'œuvre[204], qui se traduit par la formulation française suivante : « Confessez tout en vidéo. Ne vous inquiétez pas, vous serez déguisé. Intrigués ? Appelez Gillian ».

L'inspiration de Gillian Wearing pour les émissions de télé-réalités telles qu'évoquées précédemment est explicitée par le choix du dispositif de présentation de son œuvre. Elle reprend le principe du confessionnal, une petite salle fermée, cachée derrière une porte, dans lequel viennent

---

[203] CASTRO Teresa, *Dictionnaire universel des créatrices*, 2013, dans « Gillian Wearing », *Archives Of Women Artists Research & Exhibitions*. Disponible en ligne : https://awarewomenartists.com/artiste/gillian-wearing/.
[204] HODGE David, « Gillian Wearing, Confess All On Video. Don't Worry You Will Be in Disguise. Intrigued? Call Gillian Version II, 1994 », *Tate*, 2015. Disponible en ligne : https://www.tate.org.uk/art/artworks/wearing-confess-all-on-video-dont-worry-you-will-be-in-disguise-intrigued-call-gillian-t07447, page consultée le 29/04/2021.

parler de façon privée les candidats des émissions télévisées. Ce lieu de confessions rappelle l'espace du journal intime dont parle Anne Cauquelin comme étant un « espace [...] clos[205] » dans lequel se trouve « l'individu seul[206] ». Un paradoxe s'installe dans le cas des télé-réalités, ainsi que dans la vidéo de Wearing, au sein de la diffusion d'un contenu intime parlé plutôt qu'écrit en face-à-face avec soi-même. Les moments face à la caméra sont, pour les candidats de télé-réalités, un temps dédié à l'expression des doutes, des pensées privées sur le déroulement de l'aventure ou des ressentis par rapport à d'autres participants de l'émission. Dans le cas de l'œuvre de Gillian Wearing, les participants répondent à une incitation de confession honteuse et se mettent à nu, face à la caméra, toutefois sans dévoiler leur visage car ils sont masqués. Enregistré dans une première version en 1994 au format Betacam, puis transféré en 1997 au format VHS[207], la vidéo de Gillian Wearing met au point une certaine uniformité dans sa réalisation. Les participants sont tous filmés à l'aide d'un plan rapproché à l'épaule, tandis qu'ils se tiennent le dos droit ; ils sont tous assis sur la même chaise et devant la même caméra et sont diffusés l'un à la suite de l'autre. L'exposition de la vidéo répond à un protocole établi par l'artiste, qui demande que l'œuvre soit projetée sur un « moniteur de télévision dans un espace relativement petit, mesurant approximativement 3 x 3 mètres, fourni avec une certaine forme de siège, de préférence un canapé[208] », créant des *confessional boxes*[209] ou, en fran-

---

[205] CAUQUELIN Anne, *op. cit.*, p. 9.
[206] *Ibid.*
[207] HODGE David, art. cit.
[208] Traduction personnelle. *Ibid.*
[209] ROYOUX Jean-Christophe, « Gillian Wearing : la violence des émotions au cœur du sujet », dans BOSSÉ Laurence, MASSÉRA Jean-Charles, ROYOUX Jean-Christophe, SCHERF Angeline, *Gillian Wearing : Sous influence*, Paris, Musée d'Art Moderne de la Ville de Paris, 2001, p. 15.

çais, des « boîtes confessionnelles ». L'usage des masques permet de garantir l'anonymat – plus ou moins partiel – des participants. Gillian Wearing est celle qui fournit à celles et ceux qui la contactent, le matériel pour se transformer et se masquer comme bon leur semble. Cette utilisation des masques « pour dissimuler l'identité de ses portraiturés[210] » est un procédé artistique utilisé plus généralement à plusieurs reprises dans le travail de Gillian Wearing. Dans *Trauma*, vidéo réalisée en 2000, l'artiste se tourne vers un attirail sobre occultant l'identité des participants. Les masques présentés dans ce cas reprennent des caractéristiques humaines. Qu'il s'agisse d'une peau teintée de façon réaliste, des trous laissant entrevoir les yeux et les narines et une bouche fermée, ces masques offrent tous une « neutralité[211] » déjà soulevée par Marine Pillaudin. Cette dernière oppose les masques portés dans l'œuvre *Trauma*, à ceux portés par les participants exposés dans l'œuvre qui la précède, *Confess all on video. Don't worry you will be in disguise. Intrigued? Call Gillian.* Elle explique que ceux-ci relèvent plutôt du registre grotesque[212] :

> « Chacun des protagonistes est affublé de masques d'hommes politiques, de fausses barbes, de perruques, de visages effrayants ou déformés. Sous ces traits déguisés, ils racontent les scènes honteuses de leur vie. [...] le spectateur se retrouve néanmoins inlassablement dans une position de voyeur. Pourtant, à l'abri sous le masque, c'est la personne blessée qui semble, après coup, nous regarder. Les rôles s'inversent. L'objet masque joue de sa réversibilité : il est à

---

[210] PILLAUDIN Marine, « Le masque comme lieu de l'intime chez Gillian Wearing », dans CHIRON Éliane, LELIÈVRE Anaïs, *op. cit.*, p. 161.
[211] *Ibid.*
[212] *Ibid.*

la fois surface exposée publiquement au regard des autres et membrane subtile permettant de voir sans être vu[213]. »

Le visage de l'une est recouvert de ruban adhésif qui transforme son visage, soulevant une lèvre, abaissant un sourcil et aplatissant une pommette tandis que ses cheveux sont cachés par une perruque brune bouclée. Un autre garde le visage à découvert mais masque ses cheveux d'une perruque longue et blonde. Il est donc possible de débattre de l'anonymat supposé de ces personnes. Si rien, dans l'œuvre, n'indique les caractéristiques personnelles d'une personne – nom, prénom, âge, profession, etc. –, les proches de l'entourage des participants peuvent reconnaître les traits de certains visages même déformés. Marine Pillaudin défend la position de voyeur dans laquelle le spectateur est nécessairement placé lorsqu'il assiste à l'exposition de cette œuvre. Le masque choisi par la personne qui raconte un événement honteux porte la trace du choix personnel de grimage de ces participants anonymes. Le système de masques tel qu'amène l'artiste laisse pour la plupart entrevoir les yeux de la personne qui parle. Elle pousse ainsi le spectateur à partir à la recherche d'une parcelle de corps véritable, comme pour espérer trouver les fenêtres de l'âme au sein des yeux de la personne derrière le masque. D'une durée conséquente de trente-six minutes, la vidéo surplombe le spectateur pour qui « la contemplation passive de l'œuvre est impossible[214] ». Ses yeux parcourent l'écran tandis qu'il écoute les voix de femmes et d'hommes qui se racontent : « Il y avait cette bonne femme qui n'acceptait pas que je sois homo, […] j'ai marqué le numéro de téléphone de cette salope dans une cabine téléphonique[215] », « Ma confession, c'est d'avoir dro-

---

[213] *Ibid.*
[214] PILLAUDIN Marine, art. cit., p. 163.
[215] Confession 1, extrait, citée dans *Confidences, op. cit.*, p. 152.

gué un mec, d'avoir dévalisé sa maison et d'avoir piqué sa carte de crédit[216] », « elle n'était pas contente et m'a dit qu'elle allait me punir de nouveau, alors elle m'a dit de mettre une guêpière et des jarretelles, ce que j'ai fait[217] » ou encore « Salut, je suis un travelo. Je porte des vêtements de femme et j'adore ça[218] ». Ces quelques exemples insistent sur les grandes thématiques générales des confessions dévoilées dans l'œuvre de Gillian Wearing. Au nombre de dix, ces confessions traduisent plus généralement un intérêt pour la sexualité sous toutes ses formes, ce que confirme le cinquième participant : « ma confession concerne un sujet qui nous intéresse tous : le sexe[219] ». Certains expriment des tabous, comme le plaisir de la soumission sexuelle d'un homme dans la septième confession. Ces propos peuvent produire un sentiment d'inconfort auprès du spectateur, lié à la découverte d'un degré d'intimité plus ou moins avancé qui lui est dévoilé. Le commissaire d'exposition Russell Ferguson explique que le spectateur est attentif à une éventuelle mise en scène des participants qui, au lieu de se confier véritablement, entreprendraient de mentir à la caméra. « Nous n'avons rien entendu dont nous pouvons être certains[220] », se dit-on alors à la sortie de l'exposition.

> « Cette œuvre s'inspire de documentaires "pris sur le vif" et d'émissions de discussion confessionnelles à la télévision, mais elle évoque également le rituel religieux de la confession et son équivalent séculier moderne, la psychanalyse. Wearing soulève des questions sur les motifs de la confession. Déguisés, ses participants sont libres de dire la vérité

---

[216] Confession 3, extrait. *Ibid.*
[217] Confession 7, extrait. *Ibid.*, p. 154.
[218] Confession 9, extrait. *Ibid.*
[219] Confession 5, extrait. *Ibid.*, p. 153.
[220] Traduction personnelle. FERGUSON Russell, « Show Your Emotions », dans DE SALVO Donna, FERGUSON Russell, SLYCE John, WEARING Gillian, *Gillian Wearing*, New York, Phaidon, 1999, p. 36.

sur des choses qu'ils n'admettent jamais dans la vie ordinaire. En même temps, ils peuvent inventer des mensonges flamboyants sans se faire prendre[221]. »

Cet extrait de texte explicatif accompagne le cartel de l'œuvre exposée en octobre 2000. Il insiste sur une éventuelle présence de mensonges dans les confessions de l'œuvre de Gillian Wearing. Dans l'étude citée précédemment, Marine Pillaudin soulève le fait que l'artiste « sème le trouble avec la présence d'individus issus de vraies rencontres, et d'autres, acteurs professionnels [...]. Dans ces vidéos, réel et fiction s'entremêlent, le passé intime rencontre l'exposition publique par la référence au cinéma et à la représentation théâtrale[222] ». La référence au jeu de l'acteur se justifie dans la confirmation d'une entrevue de Gillian Wearing déclarant en 1997 que certains participants sont venus au tournage avec un récit déjà préparé, rédigé sur des feuilles de papier[223]. Est-ce pour autant moins vrai ? Faut-il reprocher à l'artiste d'autoriser les mensonges dans une œuvre qui se veut véritablement intime ? Dans cette vidéo, Gillian Wearing présente des diaristes qui se parlent autant à eux-mêmes qu'ils parlent à la caméra et aux spectateurs qui se tiendront devant la projection future de leur témoignage. Le diariste, auteur du journal intime suivant sa vie personnelle quotidienne, aborde bien souvent le cas d'événements honteux de sa vie, la nuance étant qu'il le fait dans le silence de l'écriture. Le spectateur, ce « tiers déterminant [...] [qui]

---

[221] Traduction personnelle du cartel d'exposition présentant l'œuvre lorsqu'elle est exposée en octobre 2000. Voir Tate, « Gillian Wearing, Confess All On Video. Don't Worry You Will Be in Disguise. Intrigued ? Call Gillian Version II, 1994 », présentation de l'œuvre. https://www.tate.org.uk/art/artworks/wearing-confess-all-on-video-dont-worry-you-will-be-in-disguise-intrigued-call-gillian-t07447, page consultée le 29/04/2021.
[222] PILLAUDIN Marine, *op. cit.*, p. 160.
[223] Gillian Wearing, 1997, citée dans HODGE David, art. cit.

permet le passage de l'un à l'autre, du privé au public[224] », est le spectateur des tabous sociaux que lui dévoilent les participants anonymes. Par l'exposition de soi à l'autre, et l'importance du désir d'extimité qui nous compose, l'œuvre participative de Gillian Wearing nous permet d'activer, de manière contemporaine, la notion de catharsis. Cette dernière, amenée à l'origine par Aristote dans la *Poétique*, relève à l'origine du domaine théâtral. Il s'agit d'un phénomène de « purification de l'âme du spectateur par le spectacle du châtiment du coupable [...] [mais aussi de] purgation des passions du spectateur par la terreur et la pitié qu'il éprouve devant le spectacle d'une destinée tragique[225] ». Que les confessions organisées par l'artiste soient vraies ou fausses, l'effet reste le même ; ainsi, Gillian Wearing nous fait « sortir de nous-mêmes[226] » et procéder à « l'extériorisation de nos peurs les plus secrètes[227] ».

Les visages anonymes poussent à se questionner : que regarder pour reconnaître la personne, à part un œil, une voix, un détail du contenu du récit ? Là où Anne Cauquelin évoque « le paradoxe d'un caché/montré[228] » qui compose le journal intime, que les adolescents laissent souvent à la portée d'un « lecteur indiscret toujours possible, à la fois craint et désiré[229] », Serge Tisseron parle du fantasme des spectateurs de télé-réalité qui pensent « tout voir[230] » et « tout comprendre[231] » à travers la reconnaissance « en miroir de leurs propres désirs, préoccupations et difficul-

---

[224] PILLAUDIN Marine, *op. cit.*, p. 164.
[225] Définition « Catharsis ». Disponible en ligne : https://www.cnrtl.fr/definition/catharsis, page consultée le 30/04/2021.
[226] PILLAUDIN Marine, *op. cit.*, p. 163.
[227] *Ibid.*, p. 164.
[228] CAUQUELIN Anne, *op. cit.*, p. 7.
[229] *Ibid.*
[230] TISSERON Serge, *op. cit.*, p. 179.
[231] *Ibid.*

tés[232] ». Prenant le cas particulier de l'émission Loft Story, nous retenons une scène parmi d'autres, qui marque l'esprit des Français depuis de longues années. Dans la première saison ayant lieu en 2001, deux candidats, Loana et Jean-Edouard, offrent aux téléspectateurs une scène d'amour dans la piscine du loft. Quand bien même cela semble évident, du fait de l'heure de diffusion à l'antenne de ce programme, ainsi qu'au vu des caractéristiques de l'émission, la scène est en partie censurée. En réalité, les téléspectateurs n'ont accès qu'à une moindre vue éloignée de deux individus collés l'un contre l'autre. Il s'agit alors de l'imagination du public et l'identification de celui-ci à des représentations qu'il connaît déjà, qui marquent les souvenirs. Le registre semble donc proche de celui de l'œuvre de Gillian Wearing, dans laquelle nous ne voyons rien de purement personnel ; rien d'autre que le langage corporel d'anonymes qui font l'usage d'un certain choix de mots pour raconter des éléments honteux, tabous ou traumatisants de leur histoire de vie.

« Archiviste de l'amour, révolutionnaire de l'intime et poétesse[233] », Morgane Ortin est l'autrice française à l'origine du projet *Amours solitaires*[234]. Elle publie également régulièrement sur les réseaux sociaux, des « centaines de messages amoureux anonymes[235] » représentant ainsi « l'amour moderne et 2.0[236] ». *Amours solitaires* est

---

[232] *Ibid.*, p. 180.
[233] ORTIN Morgane, *Le Secret. Le bruit du silence*, Paris, Albin Michel, 2021. Nous évoquons la genèse de ce livre, alors qu'il n'était pas encore publié au moment de la rédaction de notre étude.
[234] Voir ORTIN Morgane, *Amours Solitaires* (tome 1), Paris, Albin Michel, 2018 et *Amours Solitaires* (tome 2), Paris, Albin Michel, 2019.
[235] ORTIN Morgane, « Envoyez votre amour », *Amours Solitaires*, site officiel du projet. Disponible en ligne : https://amours-solitaires.com/#page-1, page consultée le 30/04/2021.
[236] *Ibid.*

un « emblème[237] » prouvant que le sentiment amoureux n'a pas disparu et que la lettre d'amour « n'est pas morte : elle a simplement évolué avec les nouveaux supports que nous offre la technologie. Peut-être même est-elle plus vivante que jamais, se prolongeant dans le flot ininterrompu d'échanges écrits qui rythment notre quotidien[238] ». L'objectif de Morgane Ortin est par cela de créer des « archives de l'amour » collectives et anonymes, passant par le biais d'un appel à participation publié sur le site officiel du projet. En parallèle à cela, un jour, motivée par l'ennui ressenti alors qu'elle prend le train, Morgane Ortin propose à son cercle d'abonnés et abonnées des réseaux sociaux de lui confier un secret. La première fois, par curiosité, elle écrit : « Dites-moi un secret ». Une seconde fois, elle répète la demande : « Confiez-moi un secret », avant de continuer à de multiples reprises avec la formulation au singulier : « Confie-moi un secret ». Ces trois usages insistent sur un rapprochement entre l'autrice et ses abonnés, qui se rapprochent et se font tutoyer en même temps qu'ils confient leurs secrets et autres non-dits. Pour ce faire, elle ouvre une « boîte à secrets ». Appelant toute personne à se confier par ce dispositif, elle détourne le sticker à questions, un outil disponible par le biais d'Instagram, créé initialement pour donner la possibilité aux créateurs de poser des questions à leur public. Il est indiqué qu'il n'y a pas de limite de participation à cet appel, en raison de l'atteinte à un public élargi répondant à l'unique condition d'être inscrit au réseau social Instagram. Ce que Morgane Ortin met ainsi en œuvre est une sorte de petit isoloir virtuel, dans lequel il devient possible de rédiger à même son téléphone plutôt que sur du papier, des phrases parfois

---

[237] ORTIN M., « Manifeste », *Amours Solitaires*, site officiel du projet. Disponible en ligne : https://amours-solitaires.com/#page-2, page consultée le 30/04/2021.
[238] *Ibid.*

honteuses et des secrets souvent difficiles à avouer autant à soi qu'à d'autres. Morgane Ortin prend donc la place d'une « écoute accueillante[239] » pour tous les participants appelés à la confidence, tous « ceux qui voudraient être lus mais [...] qui ne veulent pas s'exposer aux yeux de tous[240] », ce qu'elle rend possible avec l'anonymat primordial à la publication des secrets. En effet, l'outil proposé par Instagram laisse la charge d'organisation et de tri des secrets à l'autrice qui les collecte. Elle rassure en proposant un anonymat, ce qu'elle pourrait évidemment ne pas respecter, mais qu'elle suit pourtant à la lettre. Ce que certains ne savent peut-être pas est que la collectionneuse de secrets a, à sa disposition, le pseudonyme de toute personne qui lui confie un secret. Derrière l'arobase qui précède les pseudonymes des utilisateurs d'Instagram, s'ouvre la porte d'un univers personnel, qu'il soit paramétré en « public » ou réservé en « privé » à un cercle d'abonnés choisis. La confidence ne devient anonyme qu'au moment où elle est publiée et sort du cadre des messages privés entre l'autrice et le participant.

> « Dans le réel, le corps donne d'emblée existence à la personne, lui permettant de se manifester aux yeux des autres et ainsi de construire son identité par différenciation. À l'écran, la personne doit prendre existence : si elle n'agit pas et ne laisse pas de traces d'elle-même, elle est invisible pour un autre. Cette nécessité de prendre existence en laissant des traces est un changement radical du paradigme de l'identité. [...] Les utilisateurs, aujourd'hui, n'ont plus conscience qu'ils utilisent des dispositifs. Les dispositifs seraient "comme la vraie vie", parce que leur vie est interfacée par ces dispositifs[241]. »

---

[239] LEJEUNE Philippe, « Cher cahier... », *op. cit.*, p. 23.
[240] CAUQUELIN Anne, *op. cit.*, p. 51.
[241] GEORGES Fanny, art. cit., p. 190.

Nous associons ce que Fanny Georges explique dans cet extrait, par extension, à la démarche de Morgane Ortin. En effet, cette dernière invite ses participants à profiter du sentiment de liberté qui leur est laissé. Le partage des récits intimes est facilité par la rapidité de publication qu'intègre l'usage du réseau social. Les participations reçues par Morgane Ortin sont d'une grande quantité, au point où elles s'entassent par centaines, ce qui pousse l'autrice à préciser qu'elle ne parvient pas à les lire en totalité. Cela peut se justifier par l'idée selon laquelle les dispositifs « comme la vraie vie », auxquels Fanny Georges fait appel dans le texte cité précédemment, s'immiscent dans le quotidien des personnes qui se confient de fait avec aisance. En d'autres termes, ceux-ci ne remarquent pas de différence entre leur vraie vie, dans laquelle se trouvent les dispositifs qui « interfacent » celle-ci, et le réseau social où se trouvent les prémices du projet de Morgane Ortin. La révélation qui rythme les récits intimes publiés par l'autrice semble se faire plus facilement car elle se fait à domicile ou plus généralement là où on le souhaite. Elle se diffère de l'œuvre *Confess all on video. Don't worry you will be in disguise. Intrigued? Call Gillian* de Gillian Wearing, étudiée précédemment, en raison de la quantité de témoignages reçus qui ne se limite pas à un nombre restreint et déterminé par l'artiste. En effet, l'autrice choisit d'abord de publier la totalité des envois sous forme de textes, mais se voit confrontée très rapidement à la limite inattendue de l'immensité de ceux-ci. Cependant, nous pouvons déclarer que la démarche de Morgane Ortin se rapproche de celle de Gillian Wearing, en raison d'une volonté commune de transmettre, immortaliser et archiver des récits de vie qui ne lui appartiennent pas. La boîte à secrets de Morgane Ortin est d'abord publiée sur Instagram sous la forme de stories. En français, des « histoires », les stories une fois publiées prennent la taille d'images des mêmes dimensions de celles de l'écran du téléphone portable. Elles appellent à une interaction avec les autres utilisateurs qui sont abonnés au profil de l'autrice, par le placement d'une ligne de stories placée tout en haut de leur propre fil d'actualité pendant une durée de vingt-quatre heures. Une fois présentée à l'écran, la boîte à secrets s'incarne sous la forme d'un rectangle de taille moyenne et séparé en deux encadrés : l'un, gris sombre, comporte l'appel à participation lancé par l'autrice, l'autre, blanc, retient le secret. Les premiers secrets surplombent des photographies de l'intérieur du domicile de l'autrice. Les mêmes photographies se répètent tandis que le cadrage change à peine, indiquant une prise de vue multiple et sous-entendant le mouvement de l'autrice à l'intérieur de son domicile. En premier lieu, elle illustre le fond d'un drap de couleur vieux rose qu'on penserait être celui qui recouvre son lit, qui est changé par la suite et remplacé par un drap violet. Elle photographie également un coin de son appartement, juste à côté d'une fenêtre, montrant des éléments de décoration et des livres qui semblent lui appartenir personnellement. Ensuite, le choix de Morgane Ortin se fixe sur une photographie de drapés bleu en satin. Les photographies utilisées pour illustrer l'arrière-plan de la publication des secrets fait appel à une idée d'intérieur domestique, une chambre close dans laquelle les secrets se révèlent. L'espace de l'écran du téléphone portable donne la priorité à cette analogie de la chambre privée, la boîte à secrets en noir et blanc ne recouvrant qu'une petite partie de celui-ci. Les draps aux couleurs vives, faits de tissus mats ou brillants, offrent un aspect chaleureux et réconfortant au lecteur des secrets. En ce sens, Morgane Ortin confirme l'idée selon laquelle on se « confie plus facilement à un inconnu, chez qui on a senti de la sympathie pour l'écriture intime[242] ». En effet, à l'origine des archives de l'amour évoquées précédemment, Morgane Ortin possède un fort intérêt pour la poésie, qui est figuré par les lectures et les exercices d'écriture qu'elle propose régulièrement. À la lecture de certains secrets, nous remarquons une prédominance de témoignages genrés au féminin. Ainsi, nous retenons quelques formulations : « je suis amoureuse », « je suis folle amoureuse », « je ne me suis jamais sentie aussi seule », « je porte seule le secret de ma maman », « ma mère fait comme si j'étais morte »… Ces quelques extraits de secrets insistent sur la douleur face à la solitude, l'importance de la vie amoureuse, le lien familial et la souffrance des traumatismes.

En plus de ces stories éphémères, Morgane Ortin crée des publications permanentes qui rejoignent son fil d'actualité. Sur celles-ci, elle invite les lecteurs et lectrices à commenter un émoticône représentant une fleur dans le cas où ceux-ci se sentent « touché.es [*sic*] de près ou de loin par ce secret[243] ». Ainsi, le commentaire se fait dans le but de créer une communauté de soutien et d'écoute et d'entrer « en contact les un.es [*sic*] avec les autres si le cœur vous en dit[244] ». Ces publications sont composées d'une photographie de fleur sur laquelle est rédigé le titre « Les secrets ». L'illustration, à partir d'une fleur, permet de symboliser la célébration d'un événement, qui est ici la révélation du secret. Le contenu reçu, organisé et publié par Morgane Ortin, n'intégrant aucun nom, aucun visage, aucune photographie témoignant d'un événement réel, se lie à nouveau au projet de Gillian Wearing évoqué précédemment. Si aucune trace d'un fait réellement vécu n'est

---

[242] LEJEUNE Philippe, « *Cher cahier…* », *op. cit.*, p. 23.
[243] Publication sur le thème « Le secret » sur le profil du projet *Amours Solitaires* (@amours_solitaires), le 16 avril 2021, Instagram. Disponible en ligne : https://www.instagram.com/p/CNuQBE5j8pn/, page consultée le 30/04/2021.
[244] *Ibid.*

présente, un élément éventuellement faux ne peut être vérifié. Toutefois, la peur d'une malveillance de la part de l'autrice se fait ressentir lorsqu'elle reçoit, à même la boîte à secrets, la question suivante : « tu balances les secrets aux keufs [sic] ? », ce après quoi Morgane Ortin rassure tranquillement en public : « Non tu peux y aller ». Les récits de soi présentés par l'autrice Morgane Ortin et par Gillian Wearing présentent aux lecteurs « une sorte de miroir d'eux-mêmes[245] » dans le vécu de personnes qu'ils ne connaissent pas. Il existe une certaine collectivité dans le fait de raconter une chose, qui se justifie par l'activation d'un « effet de rémanence [qui], par réactualisation du sens, [fait que les récits] résonnent en eux[246] ». Le désir d'exposition de soi est facilité par les artistes femmes, qui appellent au récit et s'approprient les témoignages d'autrui sous plusieurs formes : « verbale, imagée et corporelle[247] ». Cela correspond à une exposition de soi et de son intimité qui dépend du désir humain de « symboliser ses diverses expériences du monde[248] » à partir de sa relation avec autrui. Sachant que « disparaître […] est ce que les femmes font le mieux, tel un *e* muet que l'on oublie en fin de mot[249] », ces femmes et artistes s'effacent consciemment de la publication ou de l'exposition, laissant leur nom à l'origine des archives de récits intimes. Les appels à participation lancés par Gillian Wearing et Morgane Ortin confirment alors l'importance d'un espace de dévoilement non-mixte, le témoignage récolté activant un témoignage réciproque de la part du spectateur. Il est donc

---

[245] TISSERON Serge, *op. cit.*, p. 38.
[246] UHL Magali, « Les montages narratifs de l'intime entre mémoire et fiction. De *Stories we Tell* à *Vies possibles et imaginaires* », dans UHL Magali, *op. cit.*, p. 239.
[247] TISSERON Serge, *op. cit.*, p. 55.
[248] TISSERON Serge, « Se rendre sensible aux objets », *L'Autre*, vol. 2, n° 2, 2001, p. 233.
[249] LESSARD Michaël, ZACCOUR Suzanne, *op. cit.*, p. 9.

question de projection et de reconstruction des récits de soi par la lecture d'autrui, à travers un « transfert entre l'œuvre et le regardeur[250] ». En d'autres termes, le récit intime exposé représente une action de partage de l'artiste au spectateur, ce qui le pousse ensuite à l'identification mimétique – se conformer à quelqu'un ou quelque chose en y trouvant des ressemblances –, ou à la différenciation singulière – je suis moi-même car je ne ressemble pas à autrui, qui agit d'une manière différente de la mienne.

2. Quand « je » est une individualité partagée

2.1. Des projections et reconstructions du récit de l'autre à soi

L'exposition du récit de soi de toute forme répond à un même objectif, qui est l'atteinte de l'altérité afin de recevoir le résultat de sa projection en retour. Le récit de soi, du verbe « raconter », « constitue probablement le moyen le plus quotidien et le plus universel de mettre en forme son expérience vécue, la rendant par là même intelligible à soi-même et à autrui[251] ». Il est alors question d'une collectivité de l'expérience humaine, qui se présente et se dévoile dans l'espace d'exposition, pour « partager […], nous faire connaître […] [et] nous comprendre nous-mêmes. […] [Il s'agit d'un exercice] universel [qui] semble réparateur : raconter semble bien un besoin humain[252] ». Dans le cas de l'art contemporain féminin, nombreuses sont les artistes qui, nous l'avons vu, respectent ces volontés à travers leur création intime. Dans le

---

[250] CHIRON Éliane, « Préface », dans CHIRON Éliane, LELIÈVRE Anaïs, *op. cit.*, p. 16.
[251] DE RYCKEL Cécile, DELVIGNE Frédéric, « La construction de l'identité par le récit », *Psychothérapies*, vol. 30, n° 4, 2010, p. 230.
[252] *Ibid.*

même registre que Sophie Calle, qui incarne l'un des exemples d'autofiction artistique les plus reconnus du monde de l'art contemporain, certaines artistes jouent de vérités et fictions afin de transmettre une communication vers autrui. Philippe Lejeune adresse le domaine de l'autobiographie littéraire, qu'il définit comme un « récit rétrospectif en prose qu'une personne réelle fait de sa propre existence, lorsqu'elle met l'accent sur sa vie individuelle, en particulier sur l'histoire de sa té[253] ». En littérature, la prose est une « forme du discours écrit ou oral, qui n'est soumise à aucune des règles de la versification[254] ». Elle correspond donc à la forme la plus quotidienne, et est peut-être la moins transformée, du récit intime littéraire. Suivant ce sens présenté par Philippe Lejeune, cela signifie que tout récit de soi passant par une forme autre que celle de la prose s'apparente, par extension, à de la fiction. L'autobiographie littéraire intègre donc un degré fictionnel plus ou moins élevé, celui-ci étant plus ou moins acceptable, au risque d'être envisagé comme mensonger. Dans le champ littéraire, l'autofiction est une tendance présentée en 1977 par Serge Doubrovsky[255]. Celle-ci contourne les enjeux de l'autobiographie ; très vite accusée de tromperies ou de truquages, elle est considérée comme une limite pour Annie Ernaux, l'écrivaine confiant n'avoir « jamais entendu le mot "autofiction" à propos [d'écrivains hommes] […]. Tout se passe très subtilement comme si l'autofiction était principalement un genre féminin, avec un côté sentimentalo-trash,

---

[253] LEJEUNE Philippe, *op. cit.*, 1996, p. 14.
[254] Définition « Prose ». Disponible en ligne :
https://www.cnrtl.fr/definition/prose, page consultée le 04/05/2021.
[255] MURAT Laure, « Écriture : intimité d'une pratique », dans LEBOVICI Élisabeth, *op. cit.*, p. 116.

narcissique, façon détournée, inconsciente, d'assigner aux femmes leur domaine, leurs limites en littérature[256] ».

Nous avons développé précédemment les caractéristiques propres aux écritures des femmes qui composent notre étude. Celles-ci « gardent l'accent de la confidence[257] », si bien que Béatrice Didier les décrit comme attirées par « le noir[258] » ; imaginaire et poétique sont autant de registres d'écriture de ces femmes, « parce qu'il s'agit de domaines où vont être remis en cause l'organisation rationnelle et un certain nombre de clivages – entre le réel et le surnaturel, la raison et l'imaginaire[259] ». Il est possible de rappeler également qu'un certain nombre de créations produites par des femmes, qu'elles soient littéraires ou artistiques, sont tournées vers la mise en scène publique de la vie privée. Les femmes se construisent à l'aide du pronom personnel « je » : je suis celle qui fait ceci, je suis celle qui ressent cela. En d'autres termes, Béatrice Didier le résumerait parfaitement : quand le discours leur est refusé, les femmes viennent « inscrire différemment l'identité dans le texte. Ce qui peut se traduire très concrètement par un usage révolutionnaire des pronoms personnels, une remise en cause de la distinction entre le "je" et le "elle" et peut-être le "tu"[260] ». Le pacte autobiographique de Philippe Lejeune disparaît alors, lui qui exigeait une délimitation nette entre l'identité de l'auteur, du narrateur et du personnage à l'aide de l'instauration d'une obligation de dire toute la vérité pour l'auteur, et une attente de celle-ci pour le lecteur[261]. Dans le cas de l'autofiction, Laure Murat

---

[256] Annie Ernaux, citée dans GRELL Isabelle, *op. cit.*, p. 31.
[257] DIDIER Béatrice, *op. cit.*, p. 23.
[258] *Ibid.*, p. 20.
[259] *Ibid.*
[260] *Ibid.*, p. 34.
[261] LEJEUNE Philippe, *op. cit.*, 1996, p. 15.

nous explique que « le nom de l'auteur (celui qui est sur la couverture) est le même que le nom du narrateur (celui qui raconte) bien que, sur le livre, le mot "roman" soit imprimé en toutes lettres[262] ».

Les Plus Belles Heures est un rituel de peinture élaboré par Marie-Claire Mitout. Dans le cadre de la réalisation de cette œuvre évolutive, l'artiste plasticienne française instaure une contrainte principale, qui est de raconter le meilleur moment qu'elle a vécu le jour précédant chaque peinture. Pour ce faire, elle adopte la technique de peinture à la gouache. Ses avantages évidents sont, en premier, sa texture fine qui permet de jouer avec les effets obtenus, allant des aplats opaques aux lavis transparents ; le travail de la gouache est accessible, si bien que les erreurs peuvent être aisément corrigées ; son utilisation est pratique, transportable rapidement et au nettoyage rudimentaire, pour un coût peu élevé et une durée de vie parfois très longue. Cependant, l'usage de la gouache présente un inconvénient majeur, qui est la difficulté de son application sur un grand format. Dans le cas de l'œuvre de Marie-Claire Mitout, le choix de la technique et du support frôle l'obsession et figure le désir d'une « constance matérielle[263] » que manifestent également certains diaristes. Les peintures de Marie-Claire Mitout sont réalisées sur un support de papier de petit format : 19 x 25,5 cm au début de son rituel, suivi de 21 x 29,7 cm[264] par la suite. Sans aucun écart par rapport aux règles qu'elle s'impose, Marie-Claire Mitout tient son journal intime en peinture, suivant d'abord une « décision de vie[265] » qu'elle confie appliquer avec un « rythme

---

[262] MURAT Laure, art. cit., p. 116.
[263] DESEILLIGNY Oriane, art. cit., 2008, p. 48.
[264] Voir le site officiel de l'artiste. Disponible en ligne : https://mcmitout.com/works/les-plus-belles-heures/, page consultée le 21/04/2021.
[265] *Ibid.*

libre²⁶⁶ ». Cela signifie qu'elle ne s'impose pas une peinture obligatoire par jour. Plutôt, elle produit mois après mois à des jours aléatoires qui méritent d'être peints pour une raison ou pour une autre, avant de choisir finalement d'y revenir tous les cinq ans. « Tous les dix ans ? Je peux mourir entre temps. Tous les cinq ans, on a le temps d'être bouleversé. J'aimerais avoir la force de faire ce travail toute ma vie²⁶⁷ », se justifie-t-elle. Sur son site web est proposée la série contenant 1050 gouaches depuis 1990 et jusqu'à ce jour. La série y est présentée sous quarante-huit catégories différentes, correspondant chacune à un mois précis. Les extraits sont exposés en fonction d'un ordre chronologique, ce qui permet de constater quelques éventuelles améliorations techniques, des regroupements chromatiques et autres récurrences au sein des sujets peints. Beaucoup de paysages s'additionnent à des scènes prises en intérieur, des scènes d'expositions et de vernissages auxquels l'artiste assiste au fil des années, ainsi que des autoportraits. Dans la première partie, en 1990, elle se présente comme une femme à la peau claire, petite et maigre, aux cheveux courts et blonds. La pratique de ce rituel, qui reprend clairement celle du journal intime, nous amène à retrouver plusieurs autoportraits de l'artiste en train de peindre pour ce projet même, comme le 7 septembre 1990, date à laquelle elle se peint en train de peindre, accoudée à une table. Le quatrième mois du rituel débute sur un paysage daté du jour du 1ᵉʳ décembre 1990. Une silhouette minuscule se démarque à peine sur un fond de ciel gris. Elle se tient debout, au centre de l'image, au-dessus de multiples montagnes vertes. Les aplats qui composent chaque montagne construisent la profondeur de champ de l'image, insérant une impression d'immensité

---

[266] *Ibid.*
[267] Marie-Claire Mitout, citée dans BOGAERT Catherine, LEJEUNE Philippe, *op. cit.*, p. 219.

du paysage une fois la petite silhouette repérée. Cette dernière se remarque à peine : une peau blanche, des vêtements noirs, desquels dépassent un visage avec des cheveux noirs par-dessus, des bras qui sortent des manches de la veste et des jambes à moitié nues sont posées sur le sol. Une atmosphère pesante et mélancolique s'ajoute à la scène à partir du ciel composé de transparences mêlant du gris au bleu. Rappelons que chaque dessin n'excède pas un format A4 horizontal, ce qui s'oppose directement à l'impression d'immensité procurée par le paysage dessiné.

« Une silhouette discrète la représente toujours, dans laquelle nous pourrions, nous aussi, nous retrouver[268] », écrivent Catherine Bogaert et Philippe Lejeune à son sujet. Là est ce qui est intéressant dans le travail de Marie-Claire Mitout, qui ne se présente pas comme étant celle qui vit l'action, mais se peint à partir d'un regard externe. Cette démarche s'apparente à une idée d'autofiction artistique. Les scènes de vie présentées dans la série *Les Plus Belles Heures* mêlent paysages que l'artiste déclare avoir visité, des scènes d'intérieur où le corps de l'artiste ne se voit pas, mais également des autoportraits de l'artiste en train d'effectuer une action donnée ; elle peint, elle marche, elle danse... Il s'agit alors d'une mise en scène montrant la façon dont elle pense avoir été perçue, placée, posée dans un espace dessiné autour de son corps, plutôt que ce qu'elle a vraiment vécu de son corps et vu de ses yeux. En ce sens, elle réactive par la peinture ce qu'identifie Marie Darrieussecq au sujet de l'autofiction littéraire : « Se présentant à la fois comme roman à la première personne et comme autobiographie, l'autofiction ne permet pas au lecteur de disposer des clés pour différencier l'énoncé de réalité et l'énoncé de fiction[269] ». Alors, le cas de la pein-

---

[268] *Ibid.*
[269] DARRIEUSSECQ Marie, « L'autofiction, un genre pas sérieux », *Poétique*, n° 107, 1996, p. 369-380, p. 377.

ture de Marie-Claire Mitout joue de cette autofiction qui empêche le spectateur de savoir à qui appartiennent ces « plus belles heures » auxquelles fait appel le titre de l'œuvre. En ce sens, l'œuvre de Marie-Claire Mitout établit des règles au fil de sa réalisation, si bien que l'artiste s'autocensure, pour qu'en résulte une forme de limite qui n'est ni pudeur ni honte, mais « respect de l'autre, de son intégrité[270] » ressentie envers le spectateur, son imagination et ses souvenirs personnels qu'il vient réactiver par le travail de sa mémoire personnelle à la réception de l'œuvre de l'artiste. S'il est toujours question d'un travail mental avant la réalisation d'un récit de soi, alors tout récit intime ajoute une dimension de transformation. Une photographie de famille n'est pas tant une autobiographie, du fait de la constitution d'albums à thèmes ou dates : les mauvais moments ne sont jamais capturés tandis que le photographe s'exclame : « souriez ! ».

Nous avons précédemment présenté la nature du désir d'exposition de soi à l'autre à travers le désir d'extimité qui nourrit le récit intime féminin contemporain. En retour de sa création artistique, l'artiste reçoit une forme d'identification de la part du spectateur. Il s'agit donc d'une stratégie mimétique, dans laquelle autrui s'associe, se conforme, par ressemblance, à ce qui lui est dévoilé dans le contexte artistique. Après une analyse de l'art vidéo de Gillian Wearing, qui travaille des associations entre le vrai et le faux, allant jusqu'à engager des acteurs pour témoigner de fausses confessions honteuses, nous concluons que son œuvre intègre déjà une idée d'autofiction. Comment peut-on inciter les spectateurs à un effet de projection de soi dans les récits d'autrui ? Comment se déroulent les démarches autofictionnelles menées de tête par

---

[270] LUNGHI Enrico, « Propos sur la confidence », dans *Confidences, op. cit.*, p. 6.

certaines femmes de l'art contemporain ? À travers un art participatif, ces artistes offrent les outils et supports de récits intimes souvent anonymes, permettant la reconstruction de souvenirs personnels par le public.

« La figure de l'artiste qui se développe avec notre société actuelle est plutôt celle d'un intermédiaire [...] entre "l'autre" et les spectateurs. C'est en ce sens que la crise de l'art – qui est plutôt redéfinition de l'art et du travail artistique dans la société technologique – pousse au développement de cette figure de l'artiste comme ethnographe. Il se retrouve alors muni des instruments technologiques d'enquête (enregistreurs de son et/ou d'images) comme un médiateur (un intermédiaire, un médium) donnant une visibilité à des individus généralement condamnés à l'invisibilité (les insoumis, les rejetés du système, les exclus, etc.)[271]. »

L'artiste contemporain revêt une posture d'enquêteur à travers la création artistique. Hal Foster, historien américain, est à l'origine d'un article primordial faisant référence à « l'artiste comme ethnographe[272] ». Par définition, l'ethnographie désigne une « étude descriptive et analytique, sur le terrain, des mœurs, des coutumes de populations déterminées[273] ». Le changement de statut de l'artiste intègre alors à son œuvre une portée documentaire. Sa démarche correspond à des comportements précis, techniques et méthodiques : questionnaires, témoignages, enquêtes, observations, usage du numérique, indexage de documents et protocoles artistiques sont à la base de la création liant le spectateur à « l'autre[274] » étudié. Dans le travail de l'artiste Anne Delrez qui nous intéresse ici, les

---

[271] FAGNART Claire, « Art et ethnographie », *Marges*, n° 6, 2007, p. 17.
[272] FOSTER Hal, « L'artiste comme ethnographe ou la "fin de l'histoire" signifie-t-elle le retour de l'anthropologie ? », dans *Face à l'histoire*, Paris, Centre Georges Pompidou, 1996, p. 498-505.
[273] Définition « Ethnographie ». Disponible en ligne : https://www.cnrtl.fr/definition/ethnographie, page consultée le 04/05/2021.
[274] FAGNART Claire, art. cit., p. 17.

« individus généralement condamnés à l'invisibilité[275] », ainsi désignés par Claire Fagnart, sont les visages inconnus qui composent une sélection de photographies de famille qu'on retrouverait dans nos albums personnels les plus communs. Nous avons vu précédemment que l'artiste est à l'origine de la structure associative La Conserverie à Metz. Celle-ci est « un fonds iconographique dédié à la photographie vernaculaire, un lieu d'exposition, une maison d'édition, un centre de ressources, une librairie[276] ». Des dons lui sont confiés afin d'agrandir la composition de sa collection de photographies familiales, chacun respectant un protocole offrant à l'artiste le statut d'enquêtrice : « un numéro est affecté au lot, puis décliné sur chaque image, les circonstances du dépôt ainsi que les éléments narratifs connus inscrits sur un document numérique, puis la photographie est scannée, indexée et soigneusement rangée dans une boîte[277] ». En 2017, le livre *L'autobiographie comme mensonge* est publié aux Éditions de La Conserverie. Celui-ci retrace des ateliers menés avec des classes de jeunes enfants et adolescents ou groupes d'adultes reçus par l'artiste à La Conserverie[278]. L'incitation qui encadre les participants est la suivante :

> « Chaque participant pioche au hasard cinq photographies issues des dons [possédés par l'artiste]. Ce sont des photographies de toutes époques, de tous formats, des paysages, des scènes de vie, des portraits de studio, des belles, des sans intérêt, des drôles, des bavardes ou des silencieuses. Puis, il doit en choisir une. Alors, elle devient la sienne, sort de son album, devient un souvenir, est un souvenir, un mensonge.

---

[275] *Ibid.*
[276] Voir le site officiel de La Conserverie. Disponible en ligne : http://laconserverieunlieudarchives.fr/apropos, page consultée le 04/05/2021.
[277] MAGNE Élisabeth, « Images trouvées, images sauvées », *Focales*, n° 2, 2018, p. 6.
[278] DELREZ Anne, « Le protocole », dans DELREZ Anne, *L'autobiographie comme mensonge*, Metz, Les Éditions de la Conserverie, 2017, p. 9.

Et nous ne saurons pas si elle est le point de départ d'un fantasme ou l'occasion de piocher dans sa mémoire car nous n'y accordons pas d'importance. [...] Ces "autobiographies mensongères" sont la rencontre du présent d'un anonyme fixé sur du papier photosensible et de l'histoire d'un autre[279]. »

L'autobiographie comme mensonge est un recueil de témoignages de nature autobiographique. Une photographie est présentée en haut de chaque page et s'accompagne d'un extrait de texte rédigé sur papier. Les écritures manuscrites sont ainsi numérisées et individualisent chaque participant, qui témoignent de la diversité des formes d'écriture, de la nature des outils et des supports utilisés pour écrire. Suivant notre volonté d'étude du dévoilement intime réciproque entre autrice et lectrice, nous nous intéressons particulièrement aux textes associés à un prénom féminin, et aux textes rédigés et genrés au féminin. Parmi ceux-ci, nous sélections plusieurs associations de textes et images qui nous semblent les plus pertinentes dans la quête d'une projection de l'autrice participante dans l'image du fonds iconographique de La Conserverie mis à sa disposition. Nous remarquons ensuite une dominante dans le choix des images, qui sont, pour beaucoup, des paysages vides, des portraits de femmes seules ou des photographies domestiques contenant parfois un ou plusieurs enfants. Nous retrouvons des spécificités propres à l'écriture manuscrite dite « des femmes », si bien que nous pouvons, par exemple, supposer l'âge de la personne qui écrit, enfant, adolescente ou adulte, en fonction du nombre de couleurs utilisées – une enfant utilisant supposément davantage de couleurs pour embellir sa production –, du nombre de taches et ratures présentes sur le papier, mais

---

[279] *Ibid.*

aussi de la qualité des arrondis composant les lettres formées.

Un travail collectif se détache des photographies composées par assemblage. Nous remarquons que le protocole imposé aux participants entraîne des répétitions, des histoires qui se recouvrent et se contredisent. Le recueil insiste donc sur le « mensonge » qui se trouve dans le titre, quand, par exemple, Camille (p. 48) compose la légende qui accompagne une photographie de ce qu'elle dit être sa mère allant à un mariage avec son mari, qui lui offre le collier qu'elle porte autour du cou. Plus loin, Ylianna (p. 275) réutilise cette même photographie et écrit qu'on y voit sa mère, le jour de son mariage, à l'âge de ses dix-neuf ans, alors qu'elle est enceinte. Avec *L'autobiographie comme mensonge*, de tels exemples insistent sur la disparition progressive des souvenirs liés aux images confiées à l'artiste à l'initiative de l'œuvre. Ce ne sont plus les images qui parlent d'un événement vécu par les personnes représentées par les photographies. Les interprétations que nous faisons de celles-ci sont plutôt une mise en pratique de l'autofiction. Personne ne peut reprocher à Camille et Ylianna de mentir sur les événements racontés puisqu'il s'agit de l'incitation principale du projet. Sur des feuilles à carreaux lignées en arrière-plan, Camille et Ylianna écrivent de façon appliquée, ronde mais légèrement tremblante, avec un stylo plus appuyé, et donc plus sombre, sur certains mots comme le début du mot « mariage » chez Camille. Nous retrouvons aussi des taches d'encre chez Ylianna, des fautes d'orthographe et des accents mal maîtrisés, ou encore une utilisation du correcteur blanc pour cacher des fautes dans le texte. L'absence de précisions supplémentaires joue avec l'absurdité et la légèreté des textes. Pourquoi Camille s'attarde-t-elle seulement sur le collier porté par la femme de la photographie ? Nous pouvons supposer que c'est parce que celui-ci se trouve quasiment au centre de l'image en nuances de gris, sur laquelle se trouve une femme apprêtée, maquillée et souriante. Pourquoi Ylianna annonce-t-elle que sa mère est enceinte au moment de la photographie, alors qu'on ne voit qu'un plan serré aux épaules sur le portrait de la dame au collier ? Nous pouvons imaginer que la vraie mère d'Ylianna était enceinte au moment de son mariage, et qu'il s'agit ici de la transposition d'une histoire familiale racontée à la fille vers la photographie choisie. L'innocence enfantine pousse à raconter un événement en omettant des détails de façon involontaire, ces détails qui pourraient nous aider à comprendre un peu plus la scène qui nous est racontée. Anaëlle (p. 26) évoque un paysage par une photographie en couleur, d'une teinte légèrement jaunâtre, rappelant les photographies argentiques des années 1990, tandis que Chloé (p. 57) parle d'un paysage recouvert d'arbres et de cailloux, d'un contraste insuffisant et de qualité modeste. L'association de toutes ces histoires qui se suivent sur les pages du livre brouille la chronologie des images initiales. Ces dernières sont présentées sans élément de contexte et les époques sont mélangées, perdues à travers les nouvelles légendes contemporaines datées au plus tard de l'année 2017.

Le traitement du protocole imposé est fait d'une façon partagée par les participantes. Cela signifie que la mise en œuvre de l'exercice d'autofiction, même s'il se fait individuellement, recouvre les singularités de celui d'autres participantes. Certaines, respectant au mieux les consignes proposées par Anne Delrez, ajoutent des éléments précis à leur récit très détaillé. Nous retrouvons des prénoms, des lieux et autres détails impliquant l'identité de personnes réelles. Anna (p. 29) décrit une action menée par sa mère à Metz, les façades des immeubles à l'arrière-plan de la photographie ressemblant effectivement à l'architecture propre à la ville. Charlotte (p. 55) raconte une balade au bord de la Moselle, Cassandra (p. 50) parle d'un séjour visitant le vieux port de Perpignan qui y ressemble de loin avec son eau, ses bateaux, ses hautes bâtisses et tours visibles en arrière-plan. Aussi, Anaëlle se dit passant des vacances dans des lieux imaginaires ou faussés de son regard d'enfant qui ne comprend pas la totalité des mots que lui disent ses parents : « saint Malote » pourrait désigner la ville de Saint-Malo, qu'elle prétend visiter avant de retourner à « Rokolicho ». Enfin, Clara (p. 61) invente l'histoire d'une princesse qui choisit de se marier avec le prince de « Candy ville », un nom de ville imaginaire aux sonorités anglophones. Ces détails inventés ou transformés de toutes pièces se remarquent rapidement. Parfois, les récits autofictionnels intègrent des erreurs qui les individualisent par rapport aux autres. Certaines se trompent sur la réalité des éléments présents sur les images. C'est le cas de Barbara (p. 38), qui raconte avoir « vu des cygnes » alors que l'image choisie montre des mouettes blanches. Anaëlle confond des sachets en plastique flottant sur le dessus de l'eau avec des méduses qui ont « brûlé le pied » de sa sœur. Il s'agit de deux confusions d'une gravité minime, qui donnent forme à un léger décalage entre la vérité et la fiction. L'apport de l'anonymat offert par les photographies est, pour quelques autres participantes, l'occasion de se raconter selon l'identité de quelqu'un d'autre. C'est là où l'effet de projection est le plus présent, permettant aux autrices d'autofiction de projeter autant leurs rêves que leur réalité. Cynthia (p. 73) présente une photographie d'un homme et une femme. L'homme, vêtu d'un costume, regarde l'objectif de l'appareil en souriant. Le visage surexposé de la femme supprime légèrement les traits de son visage. L'époque de la photographie peut se deviner, se placer largement dans la chronologie du passé, à travers la composition en noir et blanc, ainsi que les détails intégrés aux deux personnages. Les cheveux attachés en arrière, une robe sombre au décolleté serré et une cravate à motifs semblent vivement colorés et rappellent les habitudes vestimentaires d'après-guerre. La femme a les mains croisées sur ses cuisses et le regard perdu sur une scène se passant hors champ, ce qui lui donne un air rêveur. Derrière les deux personnages assis se trouvent des fenêtres couvertes par des rideaux clairs. Cynthia écrit sa première phrase, qui se trouve juste en dessous de l'image : « Je m'appelle Mélanie j'ai 36 ans et je viens d'emménager avec mon mari Kevin, dans notre tout [sic] première maison ».

Clara (p. 61) présente une photo couleur d'un pont placé au-dessus de l'eau. Sous celui-ci se trouve un chemin d'herbe verte, bordé par un parterre de fleurs jaunes. De grandes bâtisses rouges sont en arrière-plan. Le contexte temporel se devine à travers des détails infimes, disséminés au cœur de l'image ; le ciel blanc et les arbres nus laissent penser à une matinée automnale, tandis que les feux de signalisation et les modèles de voitures grises, à peine perceptibles au centre gauche de l'image, laissent penser à une époque qui n'excède pas les années 1990. Une analyse graphologique peut nous apporter des précisions sur sa personnalité. La graphologie désigne l'étude des caractères, des lettres et de la forme de l'écriture d'une personne, ce qui permettrait de saisir son identité et déterminer la nature de sa façon d'être. Cette discipline est souvent utilisée dans le domaine professionnel et policier, permettant autant de déterminer la personnalité d'un candidat à l'embauche que de retrouver le coupable d'un crime en comparant les similitudes entre deux ou plusieurs documents manuscrits. Le recours à une analyse de ce type nous semble ici cohérent, du fait du lien fort des femmes aux pratiques créatrices de l'écriture depuis leur plus jeune âge. Comme nous l'avons déjà démontré au début du précédent chapitre de ce livre, les femmes sont éduquées à être attirées par un grand nombre d'outils plastiques colorés. Clara semble en faire partie, du fait de son utilisation d'outils de cinq couleurs différentes. Les changements d'épaisseurs de traits nous font croire en l'utilisation de deux types d'outils, des stylos et des feutres. Les lignes sont espacées de manière régulière, comptant environ un centimètre entre chaque ligne. Nous remarquons cette régularité dans l'écriture à quelques endroits laissant apparaître des lignes de construction du texte tracées avec une règle et un crayon de papier avant d'être effacées à l'aide d'une gomme. Le choix des couleurs témoigne de l'intérêt de la jeune fille pour les codes plastiques que nous avons associé, selon les traditions, à l'éducation des femmes. Clara ne semble pas avoir recopié ce texte à partir d'un brouillon. Plutôt, nous envisageons une pause dans son train de pensée à chaque changement de couleur et d'outil. D'une pression constante et peu appuyée, l'écriture formée par Clara est fixe et droite. Les proportions des lettres sont harmonieuses, à l'exception des deux premières lignes du texte commençant à la gauche de la page, qui semblent légèrement plus hautes. La hauteur des hampes (le trait partant vers le haut, comme dans les lettres minuscules « T », « L » ou « B ») monte généralement plus haut que descendent les jambages (le trait descendant sous la ligne d'écriture, comme dans les lettres minuscules « P », « Y » ou « J »), ceux-ci étant très petits et limitant le texte à sa ligne d'écriture principale.

> « Les formes et les mouvements peuvent avoir une signification symbolique qui permet de les mettre en relation avec des caractères psychologiques. [...] les graphologues vont largement au-delà de ce constat et considèrent que celui qui produit telle forme ou tel mouvement possède les propriétés psychologiques évoquées par l'une et l'autre. [...] Les angles correspondent à la masculinité et les courbes à la féminité. Les connotations de l'angle et de la courbe sont très

étendues : pour la courbe, grâce, douceur, amabilité, imagination, nonchalance, sensualité, etc. ; pour l'angle, ardeur, énergie, gravité, sécheresse, persévérance, résistance, etc. Ces listes d'adjectifs, tirées des ouvrages de graphologie, sont quasiment identiques aux listes qui décrivent les stéréotypes masculin et féminin[280]. »

Ces quelques exemples insistent sur les découvertes que permettent les analyses graphologiques. Ces dernières ont bien sûr leurs écarts réducteurs, qui risquent de limiter les auteurs à certains stéréotypes genrés parfois insuffisants pour analyser une personnalité. Rappelons donc que notre insistance sur le caractère féminin de l'écriture de Clara se fait en fonction du « rite de passage[281] » de la plasticité de l'écriture produite par les femmes, tel que nous l'avons évoqué au début de ce livre. En ce sens, Clara prouve inconsciemment que le genre et les comportements qui y sont liés sont construits socialement ; une attention pour la création plastique, un attrait pour les règles de la narration littéraire dans l'ajout de guillemets caractéristiques des dialogues de son texte, comme dans les romans, et une pensée de la vie amoureuse platonique. Si « en face d'une écriture compliquée on a tout lieu de croire que le scripteur ne voit pas clair en lui[282] », alors l'écriture ingénue de Clara la montre affirmée et sûre de ses volontés. La forme de ses lettres est arrondie, mais légèrement tremblante par endroits, ce qui insiste sur l'âge de son autrice qui est probablement encore en train d'apprendre à maîtriser les outils d'écriture manuscrite. Le « symbolisme de l'espace » de l'écriture va jusqu'aux détails formés par l'autrice, si bien que « ceux dont l'écriture penche à

---

[280] HUTEAU Michel, « La graphologie est-elle une science ? », *afis science*, 2011. Disponible en ligne : https://www.afis.org/La-graphologie-est-elle-une-science, page consultée le 04/05/2021.
[281] Voir FINE Agnès, art. cit.
[282] HUTEAU Michel, *op. cit.*

gauche sont introvertis et égoïstes, [...] de grandes hampes sont un indice de spiritualité tandis que de grands jambages sont signe de sensualité[283] ». Clara incarne alors l'innocence d'une enfant aux divagations romantiques prédominantes, ce que viennent préciser les hampes des lettres minuscules telles que ses lettres « L » ou « B » qui s'étendent vers le haut. La « sensualité » évoquée précédemment, est bien évidemment absente de ce texte, au vu de l'âge implicite de son autrice, ce qui se voit dans les jambages de ses lettres minuscules telles que les « P », « Y » ou « J ». Clara rêve d'une vie de « princesse de Versailles » dans le « château » de l'image choisie. Tout est une fantaisie dans l'histoire haute en couleurs de Clara, qui devient autre qu'elle-même, personnage principal d'un film au rêve américain ; une princesse obligée d'épouser « Pierre de Toulouse » dans les jours à venir, mais qui rencontre Jordan, prince de la ville imaginaire de « Candy ville ».

> « Lorsque je feuillette l'album de famille d'un inconnu, je contemple des images qui étaient des photos-souvenirs pour cet inconnu, mais pour moi elles sont des témoignages, puisqu'elles ne proviennent pas de mon propre monde personnel ou familial et ne sont nullement redondantes par rapport à ma propre mémoire (qu'elle soit directe ou médiatisée par des narrations familiales)[284]. »

Si ces images produisent la projection des récits de Cynthia, qui s'imagine mariée à Kevin (p. 73), et Clara (p. 61), parmi tant d'autres participants à *L'autobiographie comme mensonge*, c'est parce qu'elles ne proviennent pas de leur vie singulière. Elles sont donc des témoignages qui permettent la reconstruction du récit

---

[283] *Ibid.*
[284] SCHAEFFER Jean-Marie, *L'image précaire. Du dispositif photographique*, Paris, Seuil, 1987, p. 87.

féminin par l'autofiction. Parmi ces « petits bonheurs [...] [superposés] aux interstices de vie anonymes abandonnées au regard d'inconnus[285] », certaines participantes racontent « les profondes blessures de [leur] propre existence[286] ». C'est ce à quoi s'adonne Charlène (p. 53), en choisissant de raconter le souvenir d'une photographie de paysage en noir et blanc. Le ciel se confond avec la mer sur laquelle le soleil se reflète. Une impression d'immensité de la vue est accentuée par le cadrage en plongée. Le photographe à l'origine de cette image semble placé sur une butte de sable. La mer a l'air calme et le soleil en train de se coucher. Sur la droite, un rocher dépasse de l'eau et s'apparente, d'un coup d'œil rapide, à une silhouette humaine assise au sol et scrutant l'horizon. Ces éléments accordent à la scène une atmosphère triste et mélancolique. Le texte qui l'accompagne est rédigé sur un papier aux interlignes étroits. Charlène utilise un stylo feutre violet. Son écriture arrondie est régulière : très maîtrisée, son autrice paraît sûre d'elle et de ses propos. L'espacement des lettres et des lignes est constant, les lettres sont serrées et d'une pression similaire au fil des mots. L'autrice paraît assez jeune, ce qui se devine par la présence de quelques fautes d'orthographe, ainsi que d'une confusion au niveau des caractères majuscules qu'elle effectue de la même taille que des lettres minuscules. À la lecture de ce court texte, nous remarquons que Charlène appuie sur l'impression de silhouette humaine donnée par l'image choisie : « au fond il y a un rocher et on dirait qu'il a un visage triste et qu'il se noie ». Aussi, elle précise qu'elle « a voulu prendre cette photo à ce moment précis [...] parce [qu'elle était] mélancolique ». Les émotions renvoyées par l'image correspondent à la nature malheureuse

---

[285] PACI Sébastien, « Préface », dans DELREZ Anne, *op. cit.*, p. 7.
[286] *Ibid.*

des souvenirs de la jeune femme, qui aborde le décès de son neveu malade. Charlène ajoute : « La mer qui brille me rappelle les yeux de mon neveu quand il pleurait avec ses yeux rempli [sic] d'eau ; le rocher qui coule me fait penser à mon neveux [sic] tout petit mais si fort qui a essayer [sic] de se battre contre sa maladie, et la mer qui monte me fait penser à la mort qui l'a emporter [sic] ». Les hampes et jambages des lettres formées par Charlène sont réduits à la ligne d'écriture, ce qui, suivant l'idée présentée précédemment dans le cas du récit de Clara, présentent l'autrice de façon terre à terre, tournée vers le réalisme, car chargée du poids de sa souffrance.

« La photo anonyme [...] nous accorde le droit de s'attacher à elle lorsqu'on n'a pas d'image pour illustrer certains chapitres de notre propre vie[287] ». C'est ici la photographie d'un paysage qui fait naître le récit de la jeune femme. Elle personnifie l'identité de son neveu décédé au sein du paysage, ses larmes dans la mer et son corps dans le rocher qui « coule ». Le résultat est poétique et traduit une forte détresse émotionnelle. La touffe végétale à la gauche de la photographie rappelle de la bruyère à la symbolique forte, qui fait appel au décès du neveu de Charlène. Celui-ci n'est jamais désigné par son prénom ou son âge, de même que Charlène évoque une maladie qui est la cause de son décès, sans jamais nommer le nom de celle-ci. L'historienne de l'art Julie-Ann Latulippe insiste sur le fait que l'album de famille, en tant que pratique collective, ne contient que de très rares moments de souffrance, comme dans le cas des maladies ou de la mort[288]. L'album, ce « dispositif fictionnel[289] », comme le définit André Rouillé, est avant tout tourné vers le récit de joies

---

[287] Michel Campeau, cité dans LATULIPPE Julie-Ann, art. cit., p. 222.
[288] LATULIPPE Julie-Ann, art. cit., p. 217.
[289] ROUILLÉ André, *La Photographie. Entre document et art contemporain*, Paris, Gallimard, 2005, p. 243.

familiales et de réussites quotidiennes. C'est parce que les images, par leur neutralité, ont diminué leurs souvenirs originels, que les participantes de *L'autobiographie comme mensonge* parviennent à exprimer la négativité qui les ronge. En 2012, Jacques Leenhardt décrit le sentiment de la douleur comme « le plus singulier, le plus intime, ce qui ne concerne que nous[290] », mais il identifie également une universalité dans « l'expérience de la douleur[291] » qui nous lie profondément, par empathie, à la souffrance d'autrui.

Ce que nous exposons dans nos récits intimes nous caractérise ; nous sommes ce que nous dévoilons, mais nous sommes aussi ce que nous décidons de garder pour nous. Chaque détail présent sur une photographie, et même dans le cas d'une photographie de famille, indique une décision appartenant à la personne qui en est à l'origine. L'autofiction artistique prend en compte ce que l'artiste choisit de montrer, comment la photographie est cadrée, les couleurs qui composent le cliché, etc. et les textes répondent à cette même idée : la forme de l'écriture et les informations contenues dans un texte appartiennent à un ou plusieurs choix et un façonnage qui dépend de son auteur. Anne Delrez écrit que *L'autobiographie comme mensonge* contient « des mensonges, histoires et souvenirs[292] » provenant des auteurs de son livre. Elle admet que ces récits ne sont pas tous mensongers et que certains relèvent davantage du registre du souvenir puisé dans la propre mémoire des participants. Ces derniers sont « conscients de détenir là plus que du papier, plus que des souvenirs ou de la nostalgie[293] » une fois confrontés aux photographies

---

[290] LEENHARDT Jacques, « Le silence et les langages de la douleur », dans CHIRON Éliane, LELIÈVRE Anaïs, *op. cit.*, p. 65.
[291] *Ibid.*
[292] DELREZ Anne, *op. cit.*, p. 283.
[293] MAGNE Élisabeth, art. cit., p. 8.

du fonds iconographique. Les récits formulés par les participantes du livre *L'autobiographie comme mensonge* parviennent à nous mettre « dans un état extrême de réceptivité et nous font mieux comprendre ce que nous vivons au plus profond, au plus caché de nous-mêmes[294] ». Le regard que nous portons sur les photographies de ces témoignages change nécessairement, sachant que l'exposition dans un contexte artistique, qu'il s'agisse de l'espace muséal ou dans un livre édité, pousse à un changement de la valeur des images. Julie-Ann Latulippe évoque une actualisation du contexte qui « esthétise les images et dirige notre attention sur leurs qualités formelles[295] ». Nous avons évoqué l'importance de la neutralité du dispositif de présentation des images. Celle-ci, associée à la liberté de choix de la participante, donne lieu à la réussite de l'exercice de l'autofiction. L'anonymat entourant les photographies publiées dans le livre mène lecteurs et lectrices à envisager « une multiplicité de dévoilements possibles[296] ». Chaque autrice étudiée maîtrise la performance de sa vérité individuelle. « Être simultanément soi et un autre, soi et des autres, ou plutôt se constituer un soi par les manières que l'on a d'être simultanément d'autres[297] », tel est ce que nous propose l'usage de l'anonymat dans le travail autofictionnel présenté. La quête de la vérité importe peu, dès lors que le récit offre une mise en scène de soi qui appelle à la reconstruction d'autrui. C'est donc la présence du spectateur et, en l'occurrence de la spectatrice, à qui l'on « suscite des réminiscences rattachées à ses propres sou-

---

[294] ADLER Laure, art. cit., p. 13.
[295] LATULIPPE Julie-Ann, art. cit., p. 213.
[296] JEAN Marie-Josée, « Propos sur la confidence », *Confidences, op. cit.*, p. 8.
[297] LUNDIMATIN (collectif), « Fous ta cagoule, Vers une étho-politique de l'anonymat », *lundimatin*, n° 177, 2019. Disponible en ligne : https://lundi.am/fous-ta-cagoule, page consultée le 05/05/2021.

venirs[298] », qui active l'intérêt de l'œuvre participative. Il est question d'une collectivité du souvenir de l'expérience humaine, les divers récits formant, comme l'écrit Chloé Delaume, autrice d'autofiction, « un Je qui se dédouble, mais un Je si total qu'on dit au lecteur : vous[299] ». Même si la population visée par Anne Delrez ne cible pas de genre spécifique, notre sélection de récits féminins nous pousse à identifier un effet de reconnaissance entre l'artiste et les photographies de son fonds iconographique, la participante à *L'autobiographie comme mensonge* et la lectrice vers qui arrive le texte produit. Empruntons des mots d'Isabelle Grell, pour rappeler que « l'autofiction, c'est déranger. En disant je. Car en disant je, on dit tu[300] ». L'autofiction, d'abord associée aux femmes comme un critère péjoratif de création, leur sert désormais d'outil d'émancipation[301] et d'affirmation de l'identité.

2.2. Les expériences de la vie ordinaire

À travers des récits des quotidiens, les femmes artistes affirment leur existence, de façon à rejeter l'injonction à la normalité qui les menace jour après jour. Fabienne Brugère l'écrit : « les femmes sont toujours confrontées plus que les hommes à la nécessité de la normalité [...]. Trop de responsabilités, trop de charges, trop de normes qui ne marchent pas ensemble. La femme normale est un idéal de la société post-moderne ; elle tient dans l'ultra-perfection de celle qui réussit dans toutes les sphères de vie[302] ». Les femmes revendiquent donc le récit de leurs comportements contraires à une idée de perfection. La banalité de la

---

[298] BÉNICHOU Anne, « Ces documents qui sont aussi des œuvres... », *op. cit.*, p. 52.
[299] DELAUME Chloé, *op. cit.*, 2010, p. 82.
[300] GRELL Isabelle, *op. cit.*, p. 108.
[301] *Ibid.*, p. 64.
[302] BRUGÈRE Fabienne, *op. cit.*, p. 22.

vie des femmes est dévoilée, dans ces récits intimes, par le biais d'un intérêt partagé pour le quotidien. Nous naissons, nous vivons, nous tombons amoureux, nous perdons un être cher, nous travaillons, nous marchons, etc. et les femmes revendiquent cette répétitivité des gestes quotidiens et l'ennui qui y est lié, jusqu'à fonder le récit des expériences de leur vie ordinaire. Par définition, ce qui est quotidien est ce « qui a lieu ou qui se reproduit chaque jour ; que l'on fait régulièrement, tous les jours. [...] [Le terme désigne un] caractère monotone, banal ; aspect quelconque, prosaïque, commun, trivial de quelque chose[303] ». L'ordinaire est ce « qui découle d'un ordre de choses ou appartient à un type présenté comme commun et normal [...] conforme à l'usage [...] de façon habituelle[304] ». Dans son ouvrage intitulé *Esthétique de la vie ordinaire*, la chercheuse Barbara Formis pousse la définition plus loin. Elle distingue la vie ordinaire de la vie quotidienne ; selon elle, le quotidien est subjectif, tandis que l'ordinaire est intersubjectif[305]. Prenant l'exemple de deux professions distinctes, elle explique que le quotidien d'un pilote d'avion est forcément différent de celui d'un acrobate[306]. Elle explique alors que la vie quotidienne inclue les activités qui fragmentent les journées d'un individu. La vie quotidienne est subjective, intime, car elle dépend d'une personne singulière. Selon elle, « l'ordinaire englobe plusieurs quotidiens : il est une modalité de vivre, alors que le quotidien réunit les multiples applications singulières de cette modalité générale[307] ». Il est donc question d'une

---

[303] Définition « Quotidien ». Disponible en ligne :
https://www.cnrtl.fr/definition/quotidien, page consultée le 08/05/2021.
[304] Définition « Ordinaire ». Disponible en ligne :
https://www.cnrtl.fr/definition/ordinaire, page consultée le 08/10/2021.
[305] FORMIS Barbara, *Esthétique de la vie ordinaire*, Paris, Presses Universitaires de France, 2010, p. 50.
[306] *Ibid.*
[307] *Ibid.*

dimension collective derrière ces applications individuelles, que les artistes contemporaines mettent en œuvre dans des récits intimes rédigés au singulier. Nous avons approfondi précédemment l'usage quasi-obsessionnel du pronom personnel « je » dans les créations des femmes qui composent notre étude. La présence du sujet, par ce « je » souvent explicite et parfois implicite, implique nécessairement la présence des corps des femmes dans la création artistique. Ce corps peut être autant décrit que montré pendant qu'il fait l'action. Sachant que les corps féminins sont légitimes sous toutes leurs formes, car il est autant de féminités que de corps, alors comment peuvent-elles présenter un « je » partagé ? Les récits intimes féminins intègrent nécessairement des expériences vécues jour après jour, ce qui ajoute d'éventuelles imperfections ou un certain ennui. En quoi peut-on dire que les artistes femmes se réapproprient le banal, l'ennui et les imperfections de leur vie, contraires aux normes de perfection qui les incombe ? « Comment une femme écrit-elle sur les femmes alors même que les destins sont multiples[308] » ? Dans *L'écriture-femme*, Béatrice Didier évoque une spécificité du récit intime féminin, qui se traduit par une « écriture du corps féminin, par la femme elle-même[309] ». Elle démontre un renversement dans la création féminine, si bien que la femme « s'est mise à écrire ce qu'elle sentait. Mais ce n'était pas si simple, quand pendant des générations la femme avait pris l'habitude d'écrire ce que l'homme croyait qu'elle sentait. [...] [Elle va maintenant] exprimer son corps, senti, si l'on peut dire de l'intérieur[310] ». Nous pouvons toutefois élargir la définition de ce qu'est « une femme » à une assertion plus ouverte et inclusive, vers différents types de profils autres que celui de la femme

---

[308] BRUGÈRE Fabienne, *op. cit.*, p. 10.
[309] DIDIER Béatrice, *op. cit.*, p. 35.
[310] *Ibid.*

cisgenre et hétérosexuelle poussée au silence par son époux, son père ou son frère, parce que « le devenir-femme n'est pas (que) femme. Parce qu'il s'agit de contaminer le système des identités assignées[311] ».

> « Si le quotidien se répète automatiquement (tous les jours), l'ordinaire relève davantage de la simple possibilité de répétition (on pourrait le faire un jour). Balayer le sol est une activité ordinaire, bien qu'elle ne soit pas nécessairement quotidienne. Le quotidien appartient au présent, l'ordinaire se projette dans le conditionnel. [...] Si le quotidien est privé et intime, l'ordinaire est collectif et social. Si le quotidien est ce que chacun fait, l'ordinaire est ce qui pourrait être fait par n'importe qui. [...] On peut affirmer que si le quotidien fait appel à une individualité et à une temporalité bien précises (ce que je fais tous les jours), l'ordinaire, lui, est moins déterminé : il évoque une communauté plus large et des capacités potentielles (ce que je pourrais/nous pourrions faire à n'importe quel moment). Si le quotidien consiste en une série d'activités personnelles journalières et reste donc de l'ordre du réel, l'ordinaire, quant à lui, n'est pas toujours une exécution, mais bien souvent une potentialité d'exécution[312]. »

La différence que dresse Barbara Formis entre la pensée du quotidien et celle de l'ordinaire dépend leur temporalité. En effet, le quotidien se répète jour après jour, tandis que l'ordinaire est ce qui peut éventuellement se faire un jour. Il s'agit alors de comprendre que tout le monde est concerné par le quotidien, tandis que l'ordinaire est « impersonnel[313] », car rien ne peut assurer ce qui n'est alors qu'une éventualité. Le quotidien désigne des comportements précis, communs et partagés, comme le fait de

---

[311] POLLA Barbara, *Le Nouveau Féminisme. Combats et rêves de l'ère post-Weinstein*, Paris, Odile Jacob, 2019, p. 232.
[312] FORMIS Barbara, *op. cit.*, p. 50.
[313] *Ibid.*

se laver les dents, de prendre les transports en commun ou de manger un repas. La différence avec l'ordinaire, est que ce dernier pourrait venir chambouler le quotidien. C'est ce qu'explique Barbara Formis dans l'extrait de texte cité précédemment, prenant l'exemple de l'activité de ménage ; en effet, nous ne balayons pas le sol tous les jours, pourtant, nous le faisons assez souvent pour que cela devienne une activité ordinaire. Certaines personnes se douchent tous les matins, d'autres le font un soir sur deux. L'hygiène corporelle est alors une activité quotidienne, mais relève aussi du registre de l'ordinaire, comme le montre Laëtitia Bourget dans son œuvre *L'hygiène corporelle : pour une anthropologie de l'homme moderne* réalisée en 1998. Laëtitia Bourget, artiste plasticienne française, produit des œuvres présentant une intimité qui associe « expérience de vie humaine, implantation dans un environnement, contexte social et cycles de vie[314] ». Pour ce faire, elle privilégie des formes variées, allant de la vidéo à la photo ou du dessin à l'écriture.

> « Une succession de gestes de l'hygiène quotidienne, entrecoupée de petites phrases transparentes, évoquant quelques principes du savoir-vivre, les slogans publicitaires ou les notices utilisation des produits d'entretien. L'intimité comme lieu privilégié de l'ancrage social[315]. »

L'hygiène corporelle : pour une anthropologie de l'homme moderne est une vidéo monobande d'une durée de neuf minutes. Celle-ci, comme son titre l'indique, propose un travail de la gestuelle de l'hygiène corporelle. Elle

---

[314] Voir le site officiel de l'artiste. Disponible en ligne : https://www.laetitiabourget.org/chrono_bio.htm, page consultée le 09/05/2021.
[315] « L'hygiène corporelle : pour une anthropologie de l'homme moderne ». Voir le site officiel de l'artiste. Disponible en ligne : https://www.laetitiabourget.org/o_video_hygiene.htm, page consultée le 09/05/2021.

montre l'artiste, nue dans sa salle de bain, effectuant plusieurs actions liées à sa toilette corporelle, jusqu'à finir par s'habiller devant son miroir et quitter son domicile afin de commencer sa journée de travail. La vidéo débute sur un plan de la bouche de l'artiste, coupée jusqu'à son cou et ses épaules. La femme boit un liquide qui laisse des traces brunes autour de sa bouche. Elle s'essuie avec un mouchoir en tissu, signifiant la fin de son petit-déjeuner. Une vue de ses toilettes présente des jambes nues qui s'en approchent avant de s'y installer. L'artiste descend sa culotte blanche, avant de s'essuyer avec du papier toilettes rose, s'habiller et tirer la chasse d'eau. Le plan suivant montre l'artiste complètement nue. Celle-ci prend un bain : elle se lave les pieds, passant soigneusement ses mains entre ses doigts de pieds mousseux, l'un après l'autre, laissant entendre le bruit du savon qui glisse sur sa peau. Ensuite, elle se savonne l'aisselle, toujours à la main, lave son sexe et ses cheveux. Elle agit avec des gestes appliqués et automatiques et ne sourit jamais. Elle frotte vigoureusement, de façon énergique et presque colérique, avant de se munir d'une serviette de bain verte. Elle essuie une épaule, un bras, une aisselle et la poitrine. Elle applique du déodorant en une couche épaisse qui plaque la pilosité de ses aisselles contre sa peau. Sur le plan suivant, elle arrache des peaux mortes de ses doigts, toujours avec beaucoup d'attention et de soin. Le plan rapproché suivant montre son dos et ses deux mains contorsionnées vers l'arrière afin de percer un bouton d'acné qui s'y trouve. Aucun son n'est ajouté en arrière-plan, ajoutant de fait une impression de lenteur dérangeante. Elle applique une lotion sur le bouton percé et le masse avant de se nettoyer les oreilles avec un coton-tige : d'abord la partie haute, puis elle creuse profondément et tourne progressivement dans toutes les pliures de l'oreille. Elle en ressort un coton souillé et le montre à la caméra en le regardant de loin.

Nous la voyons ensuite se brosser les dents et s'appliquer à peaufiner chaque recoin de sa bouche, à gauche, à droite et de haut en bas avant de cracher le dentifrice, se rincer la bouche et l'essuyer. L'artiste étale de la mousse à raser sur sa jambe posée sur le rebord de la baignoire et rince sa main dans l'eau du bain. Elle se munit ensuite d'un rasoir jetable orange et rase le bas de ses jambes. Elle continue et coupe ses ongles avec des ciseaux en métal. Enfin, la femme enfile ses vêtements : nous remarquons le bouton percé précédemment, pendant que les muscles de son dos se plient sous le mouvement de ses bras qui ferment les crochets du soutien-gorge qu'elle ajuste convenablement, dont elle règle les bretelles, avant d'enfiler des collants semi-opaques de la teinte de sa peau. La phase de préparation continue et l'artiste enfile pour la première fois de la vidéo un vêtement coloré. Il s'agit d'une chemise bleue, qu'elle boutonne jusqu'en haut avant d'ajuster son col. La prise de vue change soudainement : la femme ne se tient plus de face, mais filme désormais le reflet de son corps qui s'habille en face d'un miroir. Elle arrange sa jupe droite et courte, composée d'un tissu épais teinté de beige et à carreaux, suivie d'une veste blazer à carreaux, les deux vêtements dépareillés. Un tel plan a pour effet de nous offrir une double vision : d'abord, celle d'une caméra subjective qui nous donne l'impression de nous regarder nous-mêmes dans le miroir, mais aussi celle du corps de quelqu'un d'autre qui produit l'action de se regarder dans un miroir. En ce sens, nous regardons une scène se produire face à nous, sans la vivre, tout en ayant l'impression de la vivre également de l'intérieur. Cet effet a lieu du fait d'un « appel à des images ou des événements qui appartiennent à la mémoire collective[316] ». En ce sens, l'artiste introduit la propre mémoire du spectateur et le place dans

---

[316] HOFFMANN Carole, art. cit., p. 192.

une position de ressemblance avec le corps montré et les activités réalisées devant lui. La femme se regarde et procède à quelques dernières vérifications autour de son apparence, jusqu'à se dire qu'elle est prête à partir. Elle surveille ensuite l'heure indiquée par l'horloge et nous avons l'impression de la regarder avec elle. Le plan suivant la présente en train de quitter rapidement son appartement, fermant à clés la poignée métallisée de sa porte blanche – c'est ainsi que débute sa journée. En montrant de cette façon ces gestes communs, l'artiste offre une présentation de l'intérieur de sa maison et des activités qu'elle y effectue. L'intérieur du domicile appartient à ce qui relève du domaine privé et s'oppose, par extension, au domaine public. Les femmes y sont majoritairement maîtresses de maison ; la philosophe française Fabienne Brugère évoque par ailleurs les difficultés liées à la tenue du domicile par les femmes. Selon elle, la « difficulté est réelle à concilier une vie de mère, une vie professionnelle et une vie amoureuse, sans parler de toutes les choses aimeraient faire[317] ». La femme de la vidéo semble avoir choisi la voie de la vie professionnelle en étant la seule protagoniste de son œuvre. « Et si la solitude rendait les femmes puissantes[318] ? », se demande Fabienne Brugère. Une femme seule est une femme effrayante, intimidante, qui s'occupe d'elle-même, se sert d'elle-même, pense à elle seule.

Nous identifions toutefois une forme de contradiction dans l'œuvre de Laëtitia Bourget. En effet, lorsqu'elle évoque son intimité par le dévoilement de ses activités ordinaires et montre son corps dans son état le plus nu, le plus imparfait au sens de certains comportements souvent peu montrés, comme le fait de percer un bouton d'acné ou de grignoter des peaux mortes situées autour des ongles de

---

[317] BRUGÈRE Fabienne, *op. cit.*, p. 125.
[318] *Ibid.*, p. 128.

la main, l'artiste dévoile aussi un espace intérieur domestique immaculé. La plupart des surfaces sont blanches : les murs, les toilettes, la salle de bain et son carrelage, la baignoire, les vêtements, la mousse à raser, la cuisine et le bol se distinguent de quelques rares éléments colorés, comme le rasoir ou les vêtements extravagants qu'elle enfile à la fin.

> « L'anglais distingue "house" : la maison entendue comme lieu d'habitation et "home" : qu'on peut traduire imparfaitement par "chez soi" et qui implique l'espace propre intime. "Home is where the heart is" qui signifie aussi l'origine familiale et implique les soins et l'attention liés à ce lieu[319]. »

L'espace présenté dans l'œuvre de Laëtitia Bourget est donc un espace neutre, dans le sens où nous ne retrouvons pas de trace flagrante de la personnalité dans les choix décoratifs de la femme qui l'occupe. Il est donc plutôt question d'un lieu d'habitation qui a l'air temporaire, qui relève toujours du registre de l'espace privé, un lieu de passage, une location, une chambre d'hôtel, car elle s'y met ouvertement à nu. En d'autres termes, son intérieur à la fois impersonnel et personnel, expose une part d'intime sans la montrer en totalité. Par ailleurs, rien n'assure que nous découvrons réellement son domicile personnel. Elle amène dans l'espace public, ce qui relève de l'espace intime, mais cet espace intime est partagé de plusieurs car ses caractéristiques sont banales et donnent lieu à la projection des spectateurs. Nous agissons comme l'artiste le fait, autrement dit, sur cette même base (se doucher, utiliser du savon, raser, ou non, ses jambes…), en y introduisant cependant des variantes qui résident par exemple dans l'ordre de réalisation des actions ou le type d'outils utilisés

---

[319] GENTÈS Annie, « L'intime à l'épreuve du réseau », *Communications & Langages*, n° 152, 2007, p. 90.

pour les mener à bien (la marque de la mousse à raser, le type de vêtements enfilés, etc.).

> « Défini comme une perversion sexuelle, [le voyeurisme] concerne le plaisir pris à regarder des gens, connus ou inconnus de soi, dans leurs activités intimes, sexuelles ou défécatoires. L'instrument du voyeurisme est le trou de serrure dans la chambre à coucher ou l'orifice percé dans la porte des toilettes, et le voyeur est traditionnellement un homme[320]. »

Pendant la totalité de la vidéo, la projection directe des images est amplifiée par l'ajout de certains bruits. Nous entendons ainsi le son de l'urine qui coule dans les toilettes, celui de la chasse d'eau, le glissement du savon sur la peau de la femme, le frottement sec de la serviette, l'eau de rinçage et la mousse à raser ainsi que le bruit des clés dans la serrure. Nous reconnaissons chaque son car ils se retrouvent dans notre propre quotidien. Nous connaissons toutes et tous par cœur le bruit de clés qui s'entrechoquent, le clapotis de l'eau, le bruit que fait notre chasse d'eau. Regarder une femme nue se savonner les pieds, laissant entendre le son que produit le frottement humide de la main recouverte de savon sur le pied mouillé, peut néanmoins perturber le spectateur car celui-ci est amené à comparer la scène à sa propre expérience ou s'imaginer à la place de l'artiste. Ajoutons à cela que l'artiste est une femme avec un corps féminin qui risque le fétichisme ; le spectateur est alors, comme l'écrit Nicolas Thély, un « mateur[321] » qui regarde « pour le simple plaisir de la contemplation[322] ». Pouvons-nous dire que nous, spectateurs de l'œuvre de Laëtitia Bourget, sommes les auteurs d'une forme de « voyeurisme glauque[323] », comme disait

---

[320] TISSERON Serge, *op. cit.*, p. 87-88.
[321] THÉLY Nicolas, *op. cit.*, p. 41.
[322] *Ibid.*, p. 42.
[323] TISSERON Serge, *op. cit.*, p. 16.

Serge Tisseron, qui se présente ici par la contemplation plaisante d'une femme qui se perce un bouton dans le dos ? Nicolas Thély, dans son étude du concept de web-intimité, qui coïncide avec la pratique du dévoilement de soi par les webcams diffusées en continu sur Internet pendant les années 1990 à 2000, justifie son goût pour l'étude de celles-ci, exposant l'espace intime de personnes inconnues. « Ce n'est pas simplement du voyeurisme, c'est le goût du nouveau[324] », écrit-il. Cela signifie que c'est le « renouvellement de la normalité[325] » qui attire l'œil du spectateur et l'accroche, celui-ci espérant capter des « micro-différences[326] » dans ce qu'il regarde. Il n'est pas question d'un regard volé dans un trou de serrure ; plutôt, les plans sont larges ou aux épaules, montrent les agissements conscients de la femme en vidéo, tout en s'abstenant de détailler l'œuvre à travers l'ajout d'éléments d'identité déclarative. Ni nom, prénom, lieu de tournage, ni aucun visage entièrement dévoilé ne sont indiqués, mais seulement des parcelles découpées et sélectionnées sont montrées, afin de respecter l'idée d'un « plaisir narcissique de se reconnaître[327] » dans la scène présentée par l'œuvre.

Dans l'espace de la maison, le corps est censé être au naturel. Ici, l'artiste montre que le corps ne se donne pas de moment de répit, car il doit effectuer tout un tas d'actions afin de se rendre décemment visible par autrui. Elle montre donc une sorte de chorégraphie du banal, des gestes qui composent le quotidien. Cette chorégraphie la présente elle-même, mais nous présente nous-mêmes également, par la thématique de l'hygiène corporelle. « L'ordinaire se vit dans la connivence d'une réalité parta-

---

[324] THÉLY Nicolas, *op. cit.*, p. 40.
[325] *Ibid.*
[326] *Ibid.*
[327] BÉGOUT Bruce, *La Découverte du quotidien*, Paris, Allia, 2005, p. 26.

gée de tous, mais encore nous faut-il en faciliter l'accès [328] », écrit Bernard Troude. Laëtitia Bourget intègre à son œuvre un ensemble de petites phrases, fonctionnant comme des adages ou des règles à suivre afin de mener à bien les expériences de vie présentées par les images. Dix phrases défilent à plusieurs reprises sur un fond rectangulaire. À peine lisibles, en raison de l'écriture blanche sur un fond gris clair, celles-ci passent, l'une après l'autre, en un instant de la droite à la gauche de l'écran, ce qui demande une lecture progressive et hâtive du spectateur :

« Bien essuyer la bouche après manger
Tirer la chasse d'eau, baisser le couvercle
Bien frotter les parties odorantes
Attendre un peu avant de rincer
Pour rester fraîche toute la journée
Agir vite contre les impuretés
3 minutes de brossage minimum
Prendre soin, se faire beau
Des vêtements toujours impeccables
Surtout garder son naturel. »

D'abord, la femme mange son petit-déjeuner. La première phrase qui s'affiche sert de rappel qui lui indique de « bien essuyer la bouche après manger ». La seconde phrase défile au moment où elle se lève des toilettes et lui rappelle qu'il faut « tirer la chasse d'eau, baisser le couvercle ». Lors de son bain, la troisième phrase lui demande de « bien frotter les parties odorantes » et « attendre un peu avant de rincer ». Ensuite, elle applique une couche épaisse de déodorant « pour rester fraîche toute la journée », rappelant les publicités pour les produits hygiéniques. Une autre règle demande à « agir vite contre les impuretés ». Celle-ci fait penser aux publicités télévisées

---

[328] TROUDE Bernard, LEBAS Frédéric, « Re-penser l'ordinaire », *Sociétés*, vol. 126, n° 4, 2014, p. 7.

qui vantent les mérites de produits de beauté contre l'acné et les imperfections cutanées. Sur le plan suivant, nous voyons l'artiste appliquer une lotion sur un bouton qu'elle vient de percer. Ensuite, elle se brosse les dents soigneusement, comme nous l'avons vu précédemment, et respecte la règle des « 3 minutes de brossage minimum » préconisée habituellement par les dentistes. Lorsqu'elle se rase, une phrase s'ajoute : « prendre soin de soi, se faire beau ». Elle s'habille et enfile ainsi « des vêtements toujours impeccables » qu'elle ajuste doucement devant son miroir. Enfin, une dernière phrase s'ajoute à l'écran, avant le départ de la femme ; il faut « toujours garder son naturel ». Cette dernière appuie sur le paradoxe de l'ensemble des règles proposées dans la vidéo. Le rasage y est associé à l'application féminine du soin de soi, tandis que les vêtements « impeccables » se trouvent dans la tentative de lisser les plis de ses vêtements, alors que ceux-ci sont dépareillés et semblent très peu accordés pour le bon goût général. Laëtitia Bourget montre que la vie ne doit pas « se révéler qu'à travers le spectaculaire[329] ». Au contraire, passant par la vidéo, elle présente un ensemble de contraintes physiques imposées aux femmes. Une contradiction prend alors ses marques, du fait de l'injonction au « naturel », qui est contraire à la réalisation de toutes ces actions réalisées par la femme, dans le but de se rendre belle au moyen d'artifices variés.

Si, comme l'écrit Barbara Formis, s'aidant de la pensée de Marcel Mauss[330], « n'importe quel geste se fonde sur un apprentissage gestuel, il n'y a pas de gestes spontanés chez l'adulte et nos mouvements les plus quotidiens sont en réalité des techniques[331] », alors l'œuvre de Laëtitia

---

[329] PEREC Georges, *L'Infra-ordinaire*, Paris, Seuil, 1989, p. 9.
[330] Voir MAUSS Marcel, « Techniques du corps », *Sociologie et anthropologie*, Paris, Presses Universitaires de France, 1950.
[331] FORMIS Barbara, *op. cit.*, p. 18.

Bourget est, comme l'indique son titre, une « anthropologie de l'homme moderne ». Par définition, l'anthropologie fait appel à une « étude générale de l'homme sous le rapport de sa nature individuelle ou de son existence collective[332] ». Les phrases courtes proposées forment un mode d'emploi permettant d'agir correctement en société. Ces obligations indiquent les éléments nécessaires afin de comprendre comment se placer dans une société par la façon de se mouvoir adoptée par le corps. Ces différentes phrases très courtes sont à interpréter comme des notices, des « principes de savoir-vivre[333] ». L'hygiène corporelle, comme celle que présente Laëtitia Bourget, est importante pour être accepté socialement et intégré dans un groupe de personnes. À la fin de l'œuvre, Laëtitia Bourget enfile une chemise, une jupe et une veste avant de regarder sa montre. Ces actions ordinaires font lien à la vie active et rapide du monde du travail. Aussi, les phrases emploient des adjectifs à la fois rédigés au féminin et au masculin. De « fraîche » à « beau », elles ne se placent pas sur un genre précis, mais évoquent les attendus de beauté de notre société tournée vers la bonne présentation de soi. Les textes ne sont pas adressés à une personne quelconque et forment plutôt une généralité ; l'œuvre semble donc être une représentation de l'adage populaire « métro, boulot, dodo ». Alors, l'intimité exposée permet ici un « ancrage social[334] » du spectateur dans une communauté qui lui ressemble. Ainsi, Laëtitia Bourget, par la présentation plastique d'un corps commun et correspondant aux normes imposées, blanc, mince et valide, suit un guide de

---

[332] Définition « Anthropologie ». Disponible en ligne : https://www.cnrtl.fr/definition/anthropologie, page consultée le 09/05/2021.
[333] « L'hygiène corporelle : pour une anthropologie de l'homme moderne ». Voir le site officiel de l'artiste. Disponible en ligne : https://www.laetitiabourget.org/o_video_hygiene.htm, page consultée le 09/05/2021.
[334] *Ibid.*

la bonne vie ordinaire. L'enregistrement, d'une durée de neuf minutes, semble ne jamais se terminer ; sa lenteur renforce l'impression de répétitivité des gestes présentés, des habitudes et automatismes de la vie ordinaire. Cet effet est accentué par plusieurs éléments récurrents, comme le rectangle gris clair sur lequel apparaissent des phrases de texte. Le bruit neutre en fond est également répétitif et traîne l'effet de longueur et de la routine de l'hygiène corporelle. Le processus montré ici par Laëtitia Bourget serait-il toujours le même si une action était supprimée, comme le fait de percer un bouton d'acné, de se raser le bas des jambes ou de se vêtir de sa chemise bleue ? Définie par un sens souvent péjoratif, la routine désigne une « connaissance, habileté acquise par l'expérience [...] [qui se fait] naturellement, spontanément, sans volonté arrêtée[335] ». En ce sens, ces expériences de la vie ordinaire, telles que présentées par Laëtitia Bourget, appartiennent à l'habitude. Par la création artistique, les gestes changent de statut, si bien qu'un automatisme traduisant un ennui devient le sujet d'une œuvre à caractère social.

> « Plus qu'un curieux objet d'étude, le quotidien permet un angle d'attaque, une manière d'appréhender et de comprendre l'être humain. Chaque vie quotidienne est unique, à l'image de celui qui la vit, tout en fonctionnant sur base de normes, de représentations et d'expériences partagées. Le quotidien est donc intrinsèquement individuel et collectif à la fois[336]. »

À travers le contenu de son œuvre, Laëtitia Bourget insiste sur la construction de sa routine. Les spectateurs devinent aisément que ces activités sont réalisées au quotidien, à l'exception de quelques gestes, comme le fait de

---

[335] Définition « Routine ». Disponible en ligne : https://www.cnrtl.fr/definition/routine, page consultée le 09/05/2021.
[336] BERNARDINI Fabienne, SCHILTZ An (dir.), *everyday(s)*, Luxembourg, Casino Luxembourg – Forum d'art contemporain, 2010, p. 8.

percer un bouton. La raison en est très simple : là où la femme perce un bouton dans le dos, celui-ci ne sera plus forcément là les jours suivants, ou sera placé ailleurs sur le corps. Cela montre donc que ce geste est plutôt ordinaire que quotidien. La vie quotidienne est unique ; celle de Laëtitia Bourget est montrée par la vidéo, dévoilant ses expériences personnelles qui résonnent – ou non – en nous. Et alors que « l'utilisation du terme "quotidien", et plus encore de celui de "quotidienneté", véhicule souvent une appréciation péjorative de banalité ou de répétitivité subie, c'est la suite même des jours, inexorable, qui permet pourtant aussi le changement[337] » ; en d'autres termes, c'est parce que le quotidien est considéré comme négatif, du fait de la pensée d'une routine banale, monotone et subie, que l'œuvre de Laëtitia Bourget fonctionne auprès des spectateurs. Le contexte d'exposition artistique offre à l'œuvre la possibilité de faire « redécouvrir le dien[338] », contrant ainsi le caractère récurrent des jours qui passent, qui s'additionnent et se ressemblent, créant à terme une représentation de « l'énigme même de la condition humaine[339] ». Auparavant une épreuve à supporter, l'ordinaire est une force que s'approprient les artistes telles que Laëtitia Bourget. Comment revendique-t-elle l'ennui, le banal qui compose la vie d'une femme ? Comment refuser d'appliquer les normes qui sont imposées à son genre ?

> « On devient une femme conformément aux normes de dressage imposés socialement par des traditions patriarcales […], [les femmes] sont assujetties et sommées de se taire ou de respecter le chemin que l'on trace pour elles. […] D'un autre côté, le devenir femme peut se convertir en devenir autre ou à côté de celui imposé par les normes. Des résis-

---

[337] *Ibid.*, p. 6.
[338] Voir BÉGOUT Bruce, *op. cit.*
[339] *Ibid.*

tances [...] conduisent les femmes à s'envisager comme sujets. [...] Il existe un potentiel émancipateur des femmes inséparable d'une connaissance des normes qui les assujettissent[340]. »

Laëtitia Bourget montre la gestuelle qu'adopte son corps suivant des normes, mais suivant aussi des actions dérangeantes, comme le fait de grignoter des peaux mortes autour d'un ongle de la main. Ces habitudes banales deviennent ici une force artistique à la base même du geste de création. Paraphrasant Fabienne Brugère, l'idée est d'aborder le cas d'artistes qui préfèrent « parler des femmes ordinaires, de la banalité de leurs vies[341] ». Le récit intime féminin place son autrice dans une position d'anti-héroïne – autrement dit, une héroïne de l'ennui, des imperfections et de la vie de tous les jours. Dans son œuvre, la femme agit pour le regard du spectateur et grâce à lui, ce qui vient insister sur le fait que « c'est aussi à travers l'autre que se réalise la construction de soi[342] ». L'autre est celui, ou celle, pour qui on se prépare dans la salle de bain, l'autre qu'on côtoie pendant nos journées de travail ; l'autre est autant nos collègues que ces passants inconnus que nous croisons dans la rue. La sphère privée devenue publique de l'artiste est ce qui permet l'émancipation des femmes. L'identité féminine se construit par ressemblances et associations, formant un réseau qui rassemble les unes aux autres. L'artiste à l'origine de l'œuvre se place comme un personnage secondaire parmi une histoire, qui prend de la distance par rapport au récit intime qui est offert à la lecture par autrui. Dans le cadre d'un échange entre artiste et spectatrice, autrice et lectrice, le dévoilement de soi est réciproque. L'usage du pronom

---

[340] BRUGÈRE Fabienne, *op. cit.*, p. 23.
[341] *Ibid.*, p. 9.
[342] HOFFMANN Carole, art. cit., p. 192.

personnel « je » vient instaurer une individualité partagée, au sens de la fixation d'expériences communes dans le récit intime artistique, suivie de la reconnaissance en miroir de la spectatrice du récit. « Je » est ainsi le sujet qui s'adapte et se conforme indéfiniment aux interprétations variées.

CONCLUSION

« Ma chère sœur
Ne lâche pas ma main
Où vais-je finir sans toi ? Où iras-tu sans moi ?
Nous sommes toutes une[343]. »

L'enjeu de ce livre était d'expliquer en quoi les récits intimes féminins produits dans la création contemporaine dépendent d'une volonté d'affirmation de l'individualité de leur autrice. Partant de l'hypothèse première selon laquelle il existe une écriture féminine, nous appuyant sur la pensée de « l'écriture-femme » amenée en littérature par Béatrice Didier, nous avons examiné les rapports dressés entre journal intime et création artistique. Nous avons ainsi observé les traces d'une mémoire féminine francophone et anglophone, appartenant à un temps contemporain défini après les années 1980 et jusqu'à nos jours de l'année 2021, par le biais d'une sélection d'œuvres tournant autour des enjeux de l'exposition de l'intimité. Le premier chapitre de ce livre nous a permis d'approfondir différentes matières et manières de faire des récits intimes, qu'appliquent un certain nombre d'artistes et créatrices de l'époque contemporaine qui nous intéresse. Évoquant en premier lieu la relation directe existant entre le récit intime

---

[343] Fiorenza Menini, *Ma chère sœur*, lecture performance, 2016-2017, citée dans POLLA Barbara, *op. cit.*, p. 221.

tel que nous l'abordons et la pratique du journal intime, nous avons admis que l'écriture de soi est plus communément associée aux femmes, en raison de leur affinité historique traditionnelle. En effet, le journal intime est un objet qui s'offre, encore aujourd'hui, aux jeunes filles, afin de les pousser à intégrer une forme de souci de soi et du monde qui les entoure et de forcer l'attrait pour le monde sentimental et les souvenirs de la vie quotidienne. Nous avons développé ensuite l'idée d'une émancipation féministe contre la domination domestique, passant par une réappropriation de la pratique du journal, et l'adaptation de diverses formes de récit intime. Ces « silences qui s'écrivent » reposaient essentiellement sur des œuvres intégrant des enjeux identitaires forts, comme dans le cas de l'œuvre de Valérie Pavia, exemple de récit étrange, tourné à la négative et vers l'énonciation de choses qu'elle n'a jamais faite, suivie des broderies réalisées par Annette Messager, artiste mettant en scène la vision du monde d'une jeune fille des années 1960. Cette dernière ouvre le propos tourné vers l'importance de l'apport biographique de certaines artistes à la création.

Les évolutions technologiques récentes nous ont poussé à identifier le cas d'un renouvellement numérique du journal intime traditionnel tel qu'il est pratiqué par les femmes. Celui-ci est passé par l'utilisation de techniques numériques telles que la photographie ou le film amateur, mais aussi, plus récemment, l'usage d'Internet, des blogs et des réseaux sociaux. Cette partie intègre un important lien entre image et texte et introduit déjà la notion de partage dans une communauté, telle qu'elle nous a intéressé par la suite de ce livre, à travers une opposition entre l'installation immersive *Corps étranger* de Mona Hatoum et le blog en ligne *Le corps des femmes*. Le récit intime impliquant nécessairement la présence du corps de la personne qui en est à l'origine, nous avons comparé l'œuvre de cette artiste qui diffuse l'intérieur de son corps, filmé en continu à l'aide d'une caméra endoscopique, aux représentations imagées des corps des autrices anonymes du blog en ligne. Ensuite, nous avons remarqué que l'exposition de soi, passant par les récits intimes féminins, est soumise à un certain nombre de règles. De la censure extérieure à l'autocensure du journal intime intégrée à travers les années, les femmes capturent une quantité conséquente de détails au sein du récit. Nous avons alors déterminé une certaine liberté dans le choix de limites intimes personnelles, qui poussent les artistes à instaurer des contraintes auto-imposées. L'écriture du journal intime étant déjà une écriture ritualisée, du fait du cadre quotidien de l'écriture – écrire à un certain endroit, une certaine heure, avec un certain matériel –, nous avons analysé le cas d'artistes telles que Sophie Calle. Cette dernière met en œuvre, de 1980 à 1993, son rituel d'anniversaire, invitant à dîner, chaque année, un nombre de convives correspondant à son âge au moment de la fête. Dans le but d'approfondir notre démonstration à l'aide d'exemples plus récents, nous avons débattu du cas Deanna Dikeman, qui photographie les adieux de ses parents après chacune de ses visites à leur domicile pendant une vingtaine d'années. Nous avons conclu que sa démarche photographique immortalise un simple geste de la main répétitif comme un récit intime chargé d'émotions, représentant la force du passage du temps.

Le second chapitre de cette étude nous a permis d'insister sur l'intérêt des lectures réciproques des récits intimes d'artistes à spectatrice. La problématique identitaire se voulait aussi une façon de dire que les femmes usent de moyens dans la création, afin d'exposer l'intimité d'autrui. En ce sens, les œuvres traitées justifient de la nécessité d'instaurer un espace non-mixte d'échange de dévoilement, contre le dévoilement d'autrui, entre personnes identifiées comme femmes. Nous débutons l'explication de cet échange, par l'exploration des phénomènes de télé-réalité ancrés à partir du début des années 2000, que nous pensons situés à la base du désir d'exposition de soi à l'époque contemporaine. Nous suivons la théorie de Serge Tisseron qui, étudiant l'émission de télé-réalité Loft Story en 2001, amène sa pensée de l'extimité. Cette dernière désigne un « mouvement » qui pousse chacun à se dévoiler, entièrement ou en partie, à autrui. Nous avons ainsi développé cette pensée appartenant à Serge Tisseron, qui explique que l'extimité est une tendance humaine commune et partagée, bien que diabolisée par certains et critiquée de narcissisme pour ceux qui s'exposent ou de voyeurisme pour ceux qui regardent. Nous avons ensuite abordé la question de l'adresse à autrui par la participation à la création artistique, demandée par le biais d'appels à contribution transmis par certaines artistes. C'est notamment le cas de Gillian Wearing, qui appelle, par le biais d'un magazine, à venir se confesser devant sa caméra. Elle rassure, à même l'annonce publiée en 1994, et promet que chaque confession sera masquée et anonyme. Dans ce cas, l'artiste ne se dévoile pas elle-même, mais participe à dévoiler les personnes ayant accepté de participer à son œuvre. Elle insiste sur l'apport de l'anonymat, à travers l'utilisation de masques grotesques, afin de permettre une forme d'exposition de soi plus libre. Grâce à cela, nous avons vu que l'artiste fait basculer des codes genrés, faisant porter un masque aux caractéristiques communément féminins à un homme et inversement. Nous avons terminé d'évoquer le cas de l'importance de l'anonymat dans la confession intime, à l'aide d'une actualisation appartenant au registre de l'œuvre de Gillian Wearing. Grâce au réseau social Instagram, l'autrice Morgane Ortin met en place une boîte à secrets qui répond aux mêmes objectifs que ceux évoqués dans l'œuvre précédente. Cela nous a ensuite amené à admettre que chaque entreprise d'exposition de soi peut ajouter un degré de fiction au sein du récit. Suivant l'opposition que dresse Philippe Lejeune entre autobiographie et autofiction dans le domaine de la littérature, nous nous en distançons finalement, dans le cas des arts plastiques, en remarquant que les deux restent assez liés malgré la prise en compte d'un mensonge éventuel ajouté au récit intime.

L'autofiction est davantage une « manière » de présenter un récit intime d'une certaine façon choisie par son autrice. La fiction s'ajoute donc nécessairement au récit intime, dans le sens où il est travaillé, mis en forme, avant d'être exposé. En effet, chaque récit, qu'il soit texte, image, vidéo ou installation, intègre un travail mental précédent sa création. Nous réfléchissons toujours à un choix de mots avant de nous saisir de notre stylo, marquant notre journée sur papier ; nous recherchons une certaine prise de vue, un sujet à capturer, en photographie. Nous avons déterminé que les récits intimes supposément fictionnels ne peuvent légitimement être remis en cause pour la simple raison des mensonges qui peuvent s'y loger. Plutôt, et justement en raison de leur aspect fictionnel, ceux-ci permettent des projections et reconstructions des récits. Cela signifie que bien des aspects des œuvres présentées permettent à la spectatrice de s'y projeter et d'y reconstruire des souvenirs personnels par effet d'identification. Nous avons illustré ces idées à l'aide de *L'autobiographie comme mensonge*, ateliers organisés par Anne Delrez, artiste plasticienne, qui met à disposition son fonds iconographique de photographies familiales dans le but de former des textes qui décrivent ce qui semble se passer sur les images. Nous avons concentré notre analyse sur quelques exemples féminins extraits de son livre publié en 2017, ce qui nous a conduit à déterminer des récurrences dans le choix des photographies, ainsi que la présence de récits aux thématiques douloureuses. Cela signifie alors que le récit autofictionnel est un récit intime qui se projette sur la base d'images préexistantes, afin de faire ressortir, auprès de la participante, des événements malheureux ou des traumatismes jamais formulés auparavant. Plusieurs éléments permettent cet effet : anonymat dans le récit, absence de contexte des éléments présentés, neutralité du dispositif de présentation… L'imagination de chaque spectatrice se superpose à la réalité vécue par l'autrice initiale, si bien qu'elle projette ses expériences sur les mécanismes du récit de quelqu'un d'autre, pour raconter ce qu'elle croit y voir à travers ses expériences personnelles. Ensuite, nous avons évoqué l'exemple de Marie-Claire Mitout, qui s'impose un dessin par jour, ou moins, du meilleur moment de sa journée précédente, rituel qu'elle s'impose tous les cinq ans. Les femmes artistes contemporaines font un usage répété du pronom personnel « je », qui est aussi un « je » qui se partage. Celui-ci ne se pose pas sur une individualité singulière, mais incarne plutôt une individualité partagée. C'est ce qui termine notre étude, marquant la différence entre les termes « quotidien » et « ordinaire ». Nous avons fini par admettre que le premier, le quotidien, correspond à la vie personnelle de chaque individu. Il s'agit des activités qui composent la journée d'une personne singulière, ce qui se répète absolument chaque jour. Le second, l'ordinaire, est plutôt ce qui peut éventuellement se répéter. L'ordinaire désigne ces activités que nous faisons assez souvent, mais nous ne les faisons pas assez souvent pour les qualifier de quotidiennes. L'hygiène corporelle, telle que présentée par Laëtitia Bourget, est partagée de toutes et tous. Pourtant, nous ne la pratiquons pas de la même manière que celle qu'expose Laëtitia Bourget. Le moment change, les outils changent et cela ne se répète pas aux mêmes jours que ceux présentés par l'artiste. Cette activité ordinaire est donc au centre de la création artistique, si bien qu'elle permet de revendiquer le refus des normes extérieures qui forcent les femmes à atteindre une perfection dans tous les domaines en même temps. L'idée était ici de démontrer en quoi certaines artistes se réapproprient leur vie imparfaite et revendiquent le banal des gestes répétitifs comme une force créatrice.

Nous soutenons l'idée selon laquelle la pensée d'un récit féminin ne doit pas réduire la femme à une spécificité qui ne lui appartient pas réellement ; nous pensons donc que nous ne pouvons limiter exclusivement les femmes à une définition unique de la vie ordinaire. Nous déclarons plutôt qu'il existe des vies féminines multiples, comme des types de récits féminins aussi fluides que libres, qui ont été réunis ici sous de grandes catégories en raison de leurs thématiques et caractéristiques récurrentes. Le recours au récit intime féminin permet d'individualiser les autrices, afin de faire reconnaître leurs pensées et leurs expériences au sein d'une communauté. Les lectures des récits de soi féminins dans l'espace d'exposition permettent de toucher les personnes chez qui résonnent les sujets abordés. Alors, chaque personne qui s'identifie dans ces récits, est concernée par la représentation de la diversité complexe des définitions des féminins. La lecture future, envisagée dès la création du récit, change donc effectivement la façon de se raconter et de s'adresser à autrui. L'artiste est l'autrice qui retrouve la spectatrice, dans la création qui agit comme une chambre à soi, désignant un espace non-mixte qui permet de se réapproprier son existence passée, présente et future et revendiquer sa personnalité, même banale, même imparfaite. Par conséquent, les récits de soi dans la création féminine contemporaine donnent lieu à l'affirmation des individualités ; aussi, les récits intimes offrent à leurs autrices la possibilité de s'associer en communauté, de rejoindre un *safe space* – un espace sûr, sécurisé – dans lequel les pratiques de soin de soi, l'écoute réciproque et les expérimentations artistiques et littéraires sont des moyens de militantisme féministe qui donnent lieu à une émancipation à la fois individuelle et collective des femmes.

BIBLIOGRAPHIE

Autobiographie et autofiction

DARRIEUSSECQ Marie, « L'autofiction, un genre pas sérieux », *Poétique*, n° 107, 1996, p. 369-380.

DELAUME Chloé, *La règle du Je. Autofiction : un essai*, Paris, Presses Universitaires de France, 2010.

GRELL Isabelle, *L'autofiction*, Paris, Armand Colin, 2014.

LEJEUNE Philippe, « Autobiographie et contrainte », dans CAHEN Gérald (dir.), « Le plaisir des mots. Cette langue qui nous habite », *Mutations*, n° 153, 1995, p. 186-197.

LEJEUNE Philippe, *Le pacte autobiographique* (nouvelle éd.), Paris, Seuil, [1975] 1996.

MONTÉMONT Véronique, « Le pacte autobiographique et la photographie », *Le Français aujourd'hui*, vol. 2, n° 161, 2008, p. 43-50.

Écritures et journaux intimes

BOGAERT Catherine, LEJEUNE Philippe, *Le journal intime. Histoire et anthologie*, Paris, Textuel, 2006.

BOUQUET Brigitte, « Écrire son histoire de vie. Connaissance et quête de reconnaissance », *Vie sociale*, vol. 9, n° 1, 2015, p. 33-42.

De Ryckel Cécile, Delvigne Frédéric., « La construction de l'identité par le récit », *Psychothérapies*, vol. 30, n° 4, 2010, p. 229-240.

Deseilligny Oriane, « Du journal intime au blog : quelles métamorphoses du texte ? », *Communication & Langages*, n° 155, 2008, p. 45-62.

Ducas Sylvie, « Censure et autocensure de l'écrivain », *Ethnologie française*, n° 36, 2006, p. 111-119.

Goldie Sonia, « Recettes intimes », dans Cahen Gérald (dir.), « Le plaisir des mots. Cette langue qui nous habite », *Mutations*, n° 153, 1995, p. 198-202.

Laurans-Gourvenec Stéphanie, « Lorsqu'écrire nous construit. D'une écriture contrainte à l'écriture de soi », *Vie sociale*, vol. 9, n° 1, 2015, p. 89-97.

Lejeune Philippe, *« Cher cahier... ». Témoignages sur le journal personnel*, Paris, Gallimard, 1989.

Lejeune Philippe, *« Cher écran... ». Journal personnel, ordinateur, Internet,* Paris, Seuil, 2000.

Murat Laure, « Écriture : intimité d'une pratique », dans Lebovici Élisabeth (dir.), *L'intime*, Paris, École Nationale Supérieure des Beaux-Arts, 1998, p. 113-121.

Femmes, artistes et émancipation

Adler Laure, « Elles sont artistes et elles le revendiquent. Histoire d'un combat qui est loin d'être terminé », dans Adler Laure, Viéville Camille, *Les femmes artistes sont dangereuses*, Paris, Flammarion, 2018, p. 7-23.

Brugère Fabienne, *On ne naît pas femme, on le devient*, Paris, Stock, 2019.

Campbell Jennifer, Bakewell Ann-Marie, *La broderie en 260 points. Méthode et application*, Paris, marabout, 2004.

DELAUME Chloé, *Les Sorcières de la République*, Paris, Éditions du Seuil, 2016.

DESPENTES Virginie, *King Kong Théorie*, Paris, Grasset, 2006.

DIDIER Béatrice, *L'écriture-femme* (3e éd.), Paris, Presses Universitaires de France, 1991.

FAUSTO-STERLING Anne, *Les cinq sexes. Pourquoi mâle et femelle ne sont pas suffisants*, Paris, Petite Bibliothèque Payot, 2013.

FINE Agnès, « Écritures féminines et rites de passage », *Communications*, n° 70, 2000, p. 121-142.

KORFF-SAUSSE Simone, « Y a-t-il une créativité au féminin ? », *Le Coq-héron*, n° 226, 2016, p. 137-146.

LACOUE-LABARTHE Isabelle, « Lettres et journaux de femmes. Entre écriture contrainte et affirmation de soi », *Tumultes*, n° 36, 2011, p. 113-132.

LESSARD Michaël, ZACCOUR Suzanne, *Manuel de grammaire non sexiste et inclusive. Le masculin ne l'emporte plus !*, Paris, Éditions Syllepse, 2018.

NOCHLIN Linda, *Pourquoi n'y a-t-il pas eu de grands artistes femmes ?*, Paris, Thames & Hudson, [1971] 2021.

PLANTÉ Christine, « Avant-propos », dans TRIAIRE Sylvie, PLANTÉ Christine et VAILLANT Alain (dir.), *Féminin/Masculin : Écritures et représentations* (nouvelle édition), Montpellier, Presses Universitaires de la Méditerranée, 2003, p. 7-18.

POLLA Barbara, *Le Nouveau Féminisme. Combats et rêves de l'ère post-Weinstein*, Paris, Odile Jacob, 2019.

Intime et exposition de soi

CAUQUELIN Anne, « Les avatars du je », dans UHL Magali (dir.), *Les récits visuels de soi. Mises en récit artis-*

tiques et nouvelles scénographies de l'intime, Paris, Presses Universitaires de Paris Ouest, 2015, p. 23-29.

CAUQUELIN Anne, *L'exposition de soi. Du journal intime aux webcams*, Paris, Eshel, 2003.

CHIRON Éliane, « Préface », dans CHIRON Éliane, LELIÈVRE Anaïs (dir.), *L'intime, le privé, le public dans l'art contemporain*, Paris, Publications de la Sorbonne, 2012, p. 7-17.

DE MAISON ROUGE Isabelle, *Mythologies personnelles : L'art contemporain et l'intime*, Paris, Scala, 2004.

GENTÈS Annie, « L'intime à l'épreuve du réseau », *Communication & Langages*, n° 152, 2007, p. 89-105.

GEOFFRAY Agnès, « La peur du noir. L'intime à l'œuvre », dans CHIRON Éliane, LELIÈVRE Anaïs (dir.), *L'intime, le privé, le public dans l'art contemporain*, Paris, Publications de la Sorbonne, 2012, p. 125-132.

GEORGES Fanny, « Représentation de soi et identité numérique. Une approche sémiotique et quantitative de l'emprise culturelle du Web 2.0 », *Réseaux*, vol. 154, n° 2, 2009, p. 165-193.

GRENIER Louise, *Les violences de l'autre. Faire parler les silences de son histoire* (3e éd.), Québec, Québec-Livres, 2017.

HOFFMANN Carole, « Les réseaux sont désormais nos miroirs », dans CHIRON Éliane, LELIÈVRE Anaïs (dir.), *L'intime, le privé, le public dans l'art contemporain*, Paris, Publications de la Sorbonne, 2012, p. 183-192.

JEAN Marie-Josée, LUNGHI Enrico, « Propos sur la confidence », dans *Confidences*, catalogue de l'exposition éponyme (12.05.2001 – 15.07.2001), Luxembourg, Casino Luxembourg – Forum d'art contemporain, 2001, p. 4-15.

LATULIPPE Julie-Ann, « *Too Hard To Keep* : affect, intrigue et récit dans l'appropriation artistique de *snapshots* », dans UHL Magali (dir.), *Les récits visuels de soi. Mises en récit artistiques et nouvelles scénographies de l'intime*, Paris, Presses Universitaires de Paris Ouest, 2015, p. 209-224.

Lebovici Élisabeth, « L'intime et ses représentations », dans Lebovici Élisabeth (dir.), *L'intime*, Paris, École Nationale Supérieure des Beaux-Arts, 1998, p. 11-21.

Leenhardt Jacques, « Le silence et les langages de la douleur », dans Chiron Éliane, Lelièvre Anaïs (dir.), *L'intime, le privé, le public dans l'art contemporain*, Paris, Publications de la Sorbonne, 2012, p. 65-72.

Nachtergael Magali, « Mythologies individuelles, mythologies numériques ? », *Itinéraires*, n° 1, 2015, p. 1-23.

Schoch de Neuforn Sylvie, « Du côté de l'intime », *Gestalt*, n° 53, 2019, p. 24-25.

Thély Nicolas, *Vu à la webcam (essai sur la web-intimité)*, Paris, Les Presses du Réel, 2002.

Tisseron Serge, *L'intimité surexposée*, Paris, Ramsay, 2001.

Uhl Magali, « Les montages narratifs de l'intime entre mémoire et fiction. De *Stories we Tell* à *Vies possibles et imaginaires* », dans Uhl Magali (dir.), *Les récits visuels de soi. Mises en récit artistiques et nouvelles scénographies de l'intime*, Paris, Presses Universitaires de Paris Ouest, 2015, p. 225-243.

Viot François, Pellerin Marc, *M6 Story : la saga de la chaîne en trop*, Éditions Flammarion, 2012.

Pratiques documentaires

Bénichou Anne, « Ces documents qui sont aussi des œuvres… », dans Bénichou Anne (éd.), *Ouvrir le document. Enjeux et pratiques de la documentation dans les arts visuels contemporains*, Paris, Les Presses du Réel, 2010, p. 47-76.

Bénichou Anne, « Entre documentation et création », dans Bénichou Anne (éd.), *Ouvrir le document. Enjeux et pratiques de la documentation dans les arts visuels contemporains*, Paris, Les Presses du Réel, 2010, p. 11-24.

Fagnart Claire, « Art et ethnographie », *Marges*, n° 6, 2007, p. 8-16.

Rouillé André, *La Photographie. Entre document et art contemporain*, Paris, Gallimard, 2005.

Schaeffer Jean-Marie, *L'image précaire. Du dispositif photographique*, Paris, Seuil, 1987.

Tisseron Serge, « Se rendre sensible aux objets », *L'Autre*, vol. 2, n° 2, 2001, p. 231-240.

Vie quotidienne, vie ordinaire

Bégout Bruce, *La Découverte du quotidien*, Paris, Allia, 2005.

Bernardini Fabienne, Schiltz An (dir.), *everyday(s)*, catalogue de l'exposition éponyme (30.01.2010 – 11.04.2010), Luxembourg, Casino Luxembourg – Forum d'art contemporain, 2010.

Formis Barbara, *Esthétique de la vie ordinaire*, Paris, Presses Universitaires de France, 2010.

Jost François, *Le culte du banal : De Duchamp à la téléréalité*, Paris, CNRS Éditions, [2007] 2013.

Perec Georges, *L'Infra-ordinaire*, Paris, Seuil, 1989.

Troude Bernard, Lebas Frédéric, « Re-penser l'ordinaire », *Sociétés*, vol. 4, n° 126, 2014, p. 5-9.

TABLE DES MATIÈRES

PRÉFACE 7
Ophélie Naessens

PRÉFACE 11
Claire Lahuerta

PRÉFACE 13
Mélodie Marull

REMERCIEMENTS 15

AVANT-PROPOS 17

INTRODUCTION 19

CHAPITRE 1
Matières et manières des récits intimes
féminins contemporains 29

    1. Les écritures féminines, des silences qui s'écrivent 29
        1.1. Une émancipation féministe face à la domination
        domestique 29
    2. L'adaptation de procédés artistiques et littéraires
    identifiables 51
        2.1. Un renouvellement numérique du journal intime 51
        2.2. L'exposition de soi soumise à des règles 67

CHAPITRE 2
Des lectures réciproques des récits intimes d'artiste
à spectatrice 83

   1. S'adresser à autrui par la participation à la création 83
      1.1. La nature du désir d'exposition de soi à l'autre 83
   2. Quand « je » est une individualité partagée 102
      2.1. Des projections et reconstructions du récit
      de l'autre à soi 102
      2.2. Les expériences de la vie ordinaire 124

CONCLUSION 143

BIBLIOGRAPHIE 151

Structures éditoriales du groupe L'Harmattan

L'Harmattan Italie
Via degli Artisti, 15
10124 Torino
harmattan.italia@gmail.com

L'Harmattan Hongrie
Kossuth l. u. 14-16.
1053 Budapest
harmattan@harmattan.hu

L'Harmattan Sénégal
10 VDN en face Mermoz
BP 45034 Dakar-Fann
senharmattan@gmail.com

L'Harmattan Congo
219, avenue Nelson Mandela
BP 2874 Brazzaville
harmattan.congo@yahoo.fr

L'Harmattan Cameroun
TSINGA/FECAFOOT
BP 11486 Yaoundé
inkoukam@gmail.com

L'Harmattan Mali
ACI 2000 - Immeuble Mgr Jean Marie Cisse
Bureau 10
BP 145 Bamako-Mali
mali@harmattan.fr

L'Harmattan Burkina Faso
Achille Somé – tengnule@hotmail.fr

L'Harmattan Guinée
Almamya, rue KA 028 OKB Agency
BP 3470 Conakry
harmattanguinee@yahoo.fr

L'Harmattan Togo
Djidjole – Lomé
Maison Amela
face EPP BATOME
ddamela@aol.com

L'Harmattan RDC
185, avenue Nyangwe
Commune de Lingwala – Kinshasa
matangilamusadila@yahoo.fr

L'Harmattan Côte d'Ivoire
Résidence Karl – Cité des Arts
Abidjan-Cocody
03 BP 1588 Abidjan
espace_harmattan.ci@hotmail.fr

Nos librairies en France

Librairie internationale
16, rue des Écoles
75005 Paris
librairie.internationale@harmattan.fr
01 40 46 79 11
www.librairieharmattan.com

Librairie des savoirs
21, rue des Écoles
75005 Paris
librairie.sh@harmattan.fr
01 46 34 13 71
www.librairieharmattansh.com

Librairie Le Lucernaire
53, rue Notre-Dame-des-Champs
75006 Paris
librairie@lucernaire.fr
01 42 22 67 13

www.ingramcontent.com/pod-product-compliance
Lightning Source LLC
Chambersburg PA
CBHW070240230526
45470CB00002B/467